南游记

澳大利亚多元文化略论

陈安　陈宁◎著

中国经济出版社
CHINA ECONOMIC PUBLISHING HOUSE
·北京·

图书在版编目（CIP）数据

南游记：澳大利亚文化略论 / 陈安，陈宁著. --
北京：中国经济出版社，2021.6
ISBN 978-7-5136-6492-9

Ⅰ.①南… Ⅱ.①陈… ②陈… Ⅲ.①文化研究-澳
大利亚 Ⅳ.①G161.1

中国版本图书馆 CIP 数据核字（2021）第 118076 号

策划编辑 海 毅
责任编辑 孙晓霞
责任印制 马小宾
封面设计 任燕飞设计工作室

出版发行 中国经济出版社
印 刷 者 北京力信诚印刷有限公司
经 销 者 各地新华书店
开　　本 880mm×1230mm 1/32
印　　张 7
字　　数 150 千字
版　　次 2021 年 6 月第 1 版
印　　次 2021 年 6 月第 1 次
定　　价 48.00 元
广告经营许可证 京西工商广字第 8179 号

中国经济出版社 **网址** www.economyph.com **社址** 北京市东城区安定门外大街 58 号 **邮编** 100011
本版图书如存在印装质量问题，请与本社销售中心联系调换（联系电话：010-57512564）

序言

每当我们谈到澳大利亚，除了形象独特的悉尼歌剧院、澳洲特有的动物之外，大概就是澳大利亚作为一个移民国家，到处充满了欧洲舶来的气息吧。

是啊，澳大利亚原本就是一个移民国家，而且直到今天，我们还可以看到澳大利亚人在追溯自己的祖先时追溯到欧洲，因此澳大利亚不少有影响的大人物都有在欧美留学、工作、生活的经历。

世界性的大国很多是从海洋上的开拓而慢慢崛起的，对于领风气之先的葡萄牙来说，最值得纪念的并非那些在海上经历了风霜雪雨、雷暴交加的船长们，而是推动航海事业的亨利王子。他极力在自己的权力范围之内建立航海学校、制造帆船，因而被称为“航海者”。

后来，西班牙和荷兰的加入使航海向离欧洲更远的地方探索，包括哥伦布重新发现美洲（之前维京人早就到过美洲），以及他们先后踏足亚洲、大洋洲。1606 年，西班牙航海家的船只驶过澳大利亚的临海，但很遗憾没有登上大陆，“踏足和路过”完全是两个概念，所以荷兰人威廉姆·简士成为首次登陆澳大利亚的外来人，并兴致勃勃地将其命名为“新荷兰”。其实，荷兰可以说是在葡萄牙和西班牙之后脱颖而出的第三个世界性大国，这和荷兰建立的现代化商业模式有关。在此基础上，荷兰追随葡萄牙和西班牙的脚步进入了更广阔的世界。我们还知道，最初影响日本的欧洲人也是荷兰人，甚至直到今天，日本依然有“兰学”，以荷兰及其对日本最初的影响为研究对象。

1770年，英国航海家詹姆斯·库克登上澳大利亚的东海岸，并宣布巩固占有这片土地。直到今天，澳大利亚依然是英国的联邦成员国家之一。

英国最初只是想在澳大利亚建一座大监狱，所以各种流放犯就被源源不断地从英国本土送到了澳大利亚。我们都听到过这样一个关于管理机制设计的故事：开始是按照运送的犯人给船东费用，船起即付，结果一路上犯人们因为营养不良及受虐待等原因不断死掉，到澳大利亚的时候已经剩不下多少人了；英国政府很犯愁，后来改为按照运抵目的地后还活着的犯人人数给报酬，活下来踏上澳洲领土的犯人人数一下子上升了很多。先付还是后付，差别就是这么大。其实，我们看20世纪初在美国兴起的科学管理法，就讲究所谓计件工资制，和英国人的这个制度有异曲同工之处。只是，计算人的“件数”似乎不太好听罢了，人本质是类似的，都是按照合格产品的量来支付报酬，多劳多得。这些人及他们的后代就开始在澳大利亚这块土地上繁衍生息。我们从澳大利亚著名作家考林·麦卡洛的两部与澳大利亚相关的长篇小说中，就明显能够感受到“流放犯文化”留下的痕迹。在《呼唤》一书中，苏格兰少女伊丽莎白受父命前往澳大利亚和那个原本计划向她姐姐求婚的亚历山大结婚，这就是小说的开始；而她那部更著名的、被誉为澳大利亚《飘》的《荆棘鸟》则是讲述从新西兰到澳大利亚的迁徙。一家人受亲戚的邀请，举家迁往作者虚构的德罗海达牧羊场，然后从那里开始了作为澳大利亚人的生活。考林·麦卡洛的两部有影响的长篇小说的背景都是主人公从外地来到澳大利亚，这样写的原因当然是生活中存在大量这样的故事。

曾获得诺贝尔文学奖的澳大利亚作者帕特里克·维克托·马丁代尔·怀特的代表作《沃斯》描写的是德国医科学生在澳大利亚中部探险的经历。在他1976年撰写的长篇小说《树叶圈》中，女主人公埃伦·罗克斯伯格也是原在英国农场生活，后来到澳大利亚开拓新的生活。

在澳大利亚作家的笔下，澳大利亚几乎无法成为一个独立的背景，总要和欧洲产生密切的联系，甚至不少作家的作品背景就是欧洲。怀特13岁时在英国接受欧式教育，20岁时再度前往剑桥大学读书。第二次世界大战期间，他甚至是英国皇家空军的情报官。对于考林·麦卡洛而言，她曾在英国任职，也在美国的耶鲁大学任教，因此她的小说的创作背景在欧洲、美国、澳大利亚之间转来移去。小说的情节一点都没有生编硬造的嫌疑，因为这就是澳大利亚作家所面临的生活本身。

从某种意义上说，国家的欲望是无止境的，大一统是大部分大国曾经有过的梦想，但是，有此想法和是否有实现的能力与机会并不是一回事。历史上曾经一度所向披靡的国家有很多，如葡萄牙、西班牙、荷兰、俄罗斯、德国、法国、日本。当我们看今天的世界版图，还可以看到南美洲残留下的西班牙和葡萄牙的浓重痕迹。巴西的官方语言是葡萄牙语，南美洲众多国家则以西班牙语为主，甚至美国的南部各州，包括著名的加利福尼亚州、得克萨斯州的地名还来自西班牙语。另外，美国人选择学习的第一外语也是西班牙语。

尽管如此，最成功的还是英国，它用现代化的经营手段将自己的各殖民地经营得风生水起，继承和取代了西班牙“日不落帝国”的雅号。直到今天，加拿大、澳大利亚、新西兰、印度、巴基斯坦、孟加拉国、斯里兰卡等也还是英联邦的成员国，这些国家的国土、人口、经济等规模均应该占到世界的二到三成。

我们知道，澳大利亚也不例外，现任总督彼得·科斯格罗夫就是英国女王在澳大利亚行使权力的代表，各州也有州督。在澳大利亚特有的联邦制下及宪政惯例直辖下，君主除了按照澳大利亚总理和各州州长的提名任命或撤换总督和州督，不过问澳大利亚政治。

所以，尽管有着浓重的欧洲舶来的风格，但是澳大利亚也还有自由生长的空间，形成了自己独特的文化和风俗。而拥有更宽阔的国际视野、乐天达观的探险精神与合作助人的伙伴情谊，反抗权威的同时同情弱者，追求平等，都是其中比较重要的部分。

我们熟知的悉尼歌剧院的设计是由丹麦人约恩·乌松完成的，而1967年出生于夏威夷的著名好莱坞巨星妮可·基德曼其实是澳大利亚人。她4岁时搬到澳大利亚生活，在那里度过了童年、少年和青年时期。

还有更多这样的例证，足以说明澳大利亚与这个世界的关系几乎是渗透并融入的，文化的交融也是件容易的事情。在《荆棘鸟》中，我们也能从教会的角度看到这种交融的情形，拉尔夫从澳大利亚升职到梵蒂冈主教，而他心爱的梅吉则一直带着两个人的私生子生活在澳大利亚，并在儿子长大后将他们送到亲生爸爸身边。这种状态其实贯穿于很多澳大利亚人的生活中，并体现在文化现象里。

目录

中篇

上篇

理发记

澳大利亚为什么多火灾

Enjoy one’ s life

有着匈奴古姓的房东

飞回中国的747

久违了，澄蓝色的天空

澄监色的海洋，海水倒灌河及其他

我的其他邻居

理发记

我准备去理发。

在去理发的路上，我想起关于头发的两件事情。

其一，《孝经·开宗明义章》中子曰“身体发肤，受之父母，不敢毁伤”。后来，潘岳在《关中诗》中又重述了孔子的话“微微发肤，受之父母，峨峨王侯，中外之首”，以头发起兴。看来头发由于其最初和父母之间存在着的不可割裂的关系，所以和整个肉体并列，成为父母给我们留下的宝贵礼物。这样，听孔子话的人是不是就应该拒绝理发呢？我记得小时候我是要把剪下的头发藏起来，以备货郎来的时候换几个大米花的。

其二，杨玉环的观点则和孔子有不同之处，在“集三千宠爱于一身”之后，她恃宠而骄，甚至让唐明皇终于忍不住而将其驱逐回代表娘家一方的杨国忠处，以示天威。而杨玉环则在唐明皇派太监去她娘家探望的时候，毅然割下一段头发，并让太监转达这样的一段话：我所有的东西都是皇上您赐的，我自己实在是什么都没有，为表示我的情义，就将头发作为我的心献给您吧。

从杨玉环的观点看来，头发属于自己，可以自由支配，这和孔子的观点实在有些不同。

尽管我并不了解外国人是怎么看待头发的，但还是毅然决定把长长的头发交给澳大利亚人处理。

和同一办公室的老马说理发的事情时，他说如果我对他的技术放心的话可以由他来代劳，因为他老婆的头发就是完全由他来打理的，因此也有了一些实践的机会。但是当我问到用什么理发工具时，老马似乎没有，还需要再去买一个，于是我决定找个理发馆来解决这件事。

我先洗了个澡，然后兴冲冲地来到学校的理发馆，却吃了个闭门羹，上面通知说要到 2 月 3 日方能恢复营业。看来假期里学生太少，理发馆难以挣到合适的利润，就干脆回家歇着去了。

无奈之下，我走着去了远一些的商业区 Jesmond。为了避免等待，我去得稍微晚了一些，结果下午 5 点半到那里一看，大部分理发馆和商店都已关门。好在有个小理发馆仍在营业，而且有人在里边等着。我觉得可以在这里试一试，便问了一句是否关门了，一个漂亮的澳大利亚小姑娘过来招呼我，说已经关门了，但是可以预约。我才知道这里也办理预约理发，便约了第二天最晚的一个时间。她登记了我的名字，告诉我时间是第二天下午四点半。

第二天，我如约来到理发店，遗憾地发现昨天接待我的小姑娘不在，一个胖胖的女理发师和另外一个女孩正在忙着。我早去了几分钟，就胡乱地翻了翻她们店里的杂志。

我事先也没有准备关于理发方面的英文，觉得应该采用最实惠的方式——越短越好。

轮到我了，我毫不犹豫地走向了女孩，简单地招呼了两句，她问我理什么价位，我说 15 元的就行，再告诉她“As short as possible（尽量短）”，并用手势说明了究竟需要多短，然后理发正式开始。

没有洗和吹的步骤，直接奔向了主题，让我感觉颇不习惯。

这一路走来，我的头发也湿了，因为她还是喷了些水，最后对前面的头发用剪刀稍微进行了处理，以免显得过于整齐。她征求我对她技术的意见，我取出眼镜看了看，说还可以，于是她便拿了块海绵把碎头发扫了扫，我的理发之旅就结束了。

付账时，她告知我价格是 18 元，这让我吃了一惊，我记得我选的是 15 元啊，而且她只做了最简单的处理，怎么转眼就变成 18 元了。由于初次在这里理发，没有经验，我也没有多说，说不定小费包括在里面了，照单付账后就转身去了超市。

在超市的时候，我摸了一把脖子后面，一把头发茬子，觉得很扎得慌，匆匆买了些面包就回去洗澡去了，心里不禁抱怨，这也太潦草了。唉！这就是我在澳大利亚理发的经历啊，如果回国前必须再理，我一定要让老马试一试。

澳大利亚为什么多火灾

当北方正是数九严寒时，南方还是热风扑面。当看到北京正在遭遇大雪和严寒时，身在澳大利亚的我对这句话的了解就更深了，因为这里正是炎热的夏季且经历着百年不遇的干旱。我就这样舍弃了一个真正的冬天，而享受了一个真正的夏天。

在每天从纽卡斯尔大学回住处的路上，我总是看到学校的建筑物突兀地在绿色掩映中进入我的视野。这个学校不同于北京的那些学校，不是需要从建筑物中寻找绿色，相反，需要从绿色中寻找建筑物。只有站在高岗上才能看到这个学校建筑的分布和全貌，在路上走时，只能通过细细地寻找这些钢筋混凝土的东西，才能够发现它们。于是，一丛丛的灌木和澳大利亚独有的桉树成为不容易被注意的背景。

回到住处则是另外的感觉。这里的民居建设有着不同的风格，由于地广人稀，多是两层或者平房建筑，而建筑的过程则是在选好地段以后，设计房屋的样式，然后去木器厂挑选木料。整个的房屋结构完全依靠这些木料支撑，这避免了地震造成伤害，但却存在一个弱点，那就是防火问题。

桉树在这里是如此寻常，它们一棵棵直立向天空，斑驳陆离的树皮像迷彩似的覆盖在它的表面。有时候整块树皮不堪重负似的从树上剥落，贴着树根躺落在草地上，没有人收拾它们。而整棵死去的桉树有的斜靠在其他的树上，有的被人锯成几段，胡乱地放置在树丛和灌木丛中。对于这里的人来说，也许它们没有什么作用了，而这肯定会让我母亲痛惜不已。一段干木头至少可以烧开一锅水或者做一顿饭，而一棵树的作用会更大。在我们小时候，农村的生活一度是用麦秸、豆秸作燃料的，于是有了袅袅的炊烟，有了沿着炊烟回家的孩子。我仿佛看到了炊烟背景下自己的身影。

树的死相对来说毕竟是偶发事件，而草和灌木的大面积干枯则是经常发生的。生长在灌木丛中的草，也许经历了数十年或者更长时间，仍然孤单地一年一度地枯荣着，没有人打扰它们的寂静。

想来，这些掉落的干树枝、干枯的草和灌木、亡去的大树就是构成火灾的基本燃料吧。

这个夏天的火比往年更厉害，整个国度几乎处处有，从北方到南方，从沙漠到海边，从小镇到首都，百年不遇的干旱成了火灾的导火索。

前几天不断有直升飞机从校园上空经过，是例行的火灾巡视。想来这里也应该是需要严加防范的地区吧。

火灾的场面非常壮观，仅仅是电视画面也足以让人惊悸。而报道说，人为放火是澳大利亚火灾的主要原因。

唉，当世界变坏的时候，追究原因，总是人自己的过错。

关于题目的解释

选择这个题目的原因当然是所写内容和这个短句有着密切的关系。这个短句最恰当的翻译应该是“享受生活”吧，它是我来到澳大利亚后听到较为频繁的话之一，我甚至觉得这可能反映了澳大利亚人基本的生活态度。

当然，看到这个题目，很多人的思想会一下子回到中学时代，因为中国的英语教学中对于英语语法尤其重视，某人（Somebody）、某事（Something）等从初中一年级开始就不断地冲击我们的视线。当然，某人的（One's）作为宣讲语法中不可避免的代称，也是最频繁用到的词之一。这些教学方法也让我在澳大利亚说话时首先会有意识地检查一下自己的语法是否会有问题，而当很多不符合语法的语句频繁地从澳大利亚土生土长的人口中说出来的时候，我就在困惑不已之后开始反躬自省我国的英语教学模式了。

不过，无论如何，在金山词霸里没有查到 Enjoy life，更不会有 Enjoy one's life 的古怪说法。于是，我起这样一个明显带有中国式英语味道的题目，不能说这是错的，就算是我们也为丰富英语的语言文化作出了独特的贡献吧。

一、新疆妹妹

1985 年，新疆妹妹从北京大学毕业后就到了澳大利亚，从哪儿说都算是我的前辈了。读完了博士之后，她从大学的讲师做起，一直做到现在的副教授。在澳大利亚的大学里，这是很高的职称了，因为这里教师的级别是从副讲师到讲师，再到高级讲师，最后才是副教授和教授，后两者的数目是极少的，一个系里大多只有 1 名教授，大规模的系才会有 2 名教授，而副教授则也是只有 2 名左右。这也呈现了真正的金字塔结构。

我注意到新疆妹妹是因为她的姓氏。她办公室门上的名牌上是 Chang，完全是一个典型的中国姓，但是前面纯粹的英文名却让我非常迟疑。有一天我终于忍不住地问她："Are you from Hong Kong?（你来自香港吗?）"她回答到:" I am from Xin jiang（我来自新疆）。"我这才恍然大悟，原来是个新疆妹妹。一切疑团烟消云散。

新疆妹妹是个非常勤奋的人。多次深夜，我从会议室里取水出来经过她的办公室时，仍然看见里面亮着灯。

我跟着她看过一次国际会议的招待电影。当时我看她手里拿了很多票，并非常热情地招呼我去。她开着红色现代跑车，带着我还有她的印度学生及其妻子。电影开演前，我们还吃了她买的玉米花和可乐，颇觉不好意思。

没事时，我会访问她的主页，知道她的作品也是非常多的，很多还发表在顶级的杂志上，而她本身的社会活动也很多，主持了一些项目，其中一个是和工业界合作的有上百万元规模的国家基金项目。的确是一个非常活跃的妹妹，成就也让人羡慕。

然而，后来有很长一段时间看不到她的影子，照她以往的勤奋来说，这可是不同寻常的事情。直到有一天我从她新招的一个博士生那里知道，原来她在珀斯（Perth）的一个大学中担任讲座教授（Chair Professor，直译应该是椅子教授，一般一个系只有一把这样的椅子，所以坐上去的人一般都是不得了的人），且负责系里的全部工作。这样，她就可以不再教书，能够专心致志地从事研究工作了。于是，我便越发地佩服起她来，从她学生羡慕的口气中，我知道，从此她可以“Enjoy life”了，因为这是一个终身的职位，且工资很高（年薪 14 万澳元）。

我想，这应该算是一个通过自己的努力获得 Enjoy life 资格的例子吧。

二、听来的故事

我非常不愿意把听来的故事作为我文章的内容，因为谁都知道在传话过程中走样的概率究竟有多大，就像一个广泛传播的笑话那样，令人莞尔。

1910 年，一个美国营长对值班军官说：“明晚大约 8 点钟，哈雷彗星将可能在这个地区被看到，这种彗星每隔 76 年才能看见一次。我命令所有士兵着野战服在操场上集合，我将向他们解释这一罕见的现象。如果下雨的话，就在礼堂集合，我为他们放一部有关彗星的影片。”

经过值班军官对连长、连长对排长、排长对班长的传递之后，班长向士兵们是这样传达的：“在明晚 8 点钟下雨的时候，著名的 76 岁哈雷将军将在营长的陪同下身着野战服，开着他那辆‘彗星’牌汽车，经过操场前往礼堂。”

但是，按照物质的存在不以人的意志为转移的唯物主义观点，我们不能说自己没有亲自看到的就不能相信。虽然有时候自己看到的东西也不太能让人相信，不过感觉还是比其他途径更让自己心里塌实。因为老郑说话从来都是比较实在的，所以我直接采信并进行描述。

老郑的一个澳大利亚朋友在一家医学院做教授，他有三个孩子，大儿子继承了自己的衣钵，在另外一家医学院做老师，二儿子喜欢鼓捣音乐，主要是在各个城市的街头弹唱，女儿则正在上大学。

老郑赞扬朋友的大儿子，说他真有出息，如果其他孩子都能像这个儿子似的，那当爸爸的该更有成就感。

然而，那位朋友却对他的二儿子情有独钟，让老郑的赞扬颇有尴尬之意。不过听他解释之后，老郑也就跟着理解了，我们对于个人生活模式的选择和澳大利亚人还是有区别的。

当爸爸的觉得，人应该首先让自己满足，能完全按照自己的兴趣生活是最幸福的，因为在兴趣的驱使下选择的生活自己才会去享受。为生活所迫而选择勤奋，选择超人的努力和钻营，最后即使有一个优渥的生活，也不见得真的会享受。因为奋力追求后获得的感觉多数情况下是自我实现的快感，而享受则是自身最直接、最简单的快乐感知过程。

我不禁想起悉尼火车站前地道中卖艺的长发小伙子们。地道中的路人行色匆匆并没有影响他们进行认真而投入的演奏。我总是在想，对于他们来说，弹奏的过程应该是一天中最快乐的时光吧，就像我在去购物的路上路过无人的桥洞时总愿意聆听自己歌唱的声音一样，因为它悠扬的回音而兴奋着。

我却不能和他们一样快乐，因为他们每天都可以收拾行装，来到这个地方，而我的生活常态则是在论文里，仔细看别人的论文，并筹划写自己的论文。

老郑故事中的朋友每次对二儿子的回家都有节日般的感受，而和大儿子则有些相对无言了，因为大儿子的生活对于教授自己来说已经过了很多年，未来还是要继续过类似的很多年，而自己的足迹则必然地要被儿子重复，这样的情况下，是很难有共同感兴趣的话题的。

也许，朋友自己的青春时代也是有遗憾的，快乐的心被社会压力和家庭压力所困扰着，Enjoy life 成为自己的梦想，二儿子则代替他实现了这个对于他来说只能是遥不可及的梦。其实，我想，他也完全可以去“老夫聊发少年狂”的，毕竟这个社会本身就是个宽容的社会。

三、为什么能 Enjoy life

我讲的两个故事是完全不同的，就像那个在海边沙滩上向晒太阳的渔夫建议去完成“积极打鱼—挣钱—投资—盖别墅—晒太阳”的富翁一样，他可以有自己如何享受生活的想法，而同样地，渔夫反诘“我现在不正在晒太阳吗”，也正反应了享受生活的不同模式，而这不同并没有优劣之分。为什么澳大利亚人能够把 Enjoy life 作为常用词挂在嘴边，这才是个核心问题。

我觉得，澳大利亚人能够 Enjoy life 还有一个缘故，那就是这里的人不在乎工作性质和工作种类。在澳大利亚，我曾经遇见过一个在失去银行经理的工作后找到一份种菜工作的人。

没有人会因为自己的工作而觉得不自在，这样的感觉真好。

最初，我对澳大利亚这样的西方国家的认识来自新闻报纸上的介绍，或者是一些口口相传的事情，那时候的自己对这些以事例为主的描述总是充满羡慕的，如国家给孩子的奶粉钱、失业后的基本生活保障金、大家都可以根据兴趣去选择学习的专业乃至选择工作。我每每设想自己在那里快乐生活时，甚至还担心地想如果全澳大利亚人民都因此而懈怠下来可怎么办，很为他们操心了一把。

好在，现在的学者越来越关注民生，政府也把人的生命作为非常重要的事情来考虑，每个人都可以获得同等对待，没有人会为自己的工作感到羞愧，这样，我们就真的可以享受生活了。

那时候，我一定要去地铁唱我写的歌 Enjoy My Life，流转的眼波之间是匆匆而过的人群和偶尔好奇的眼光，我知道，我来过，我唱过了，生活总是那么美好。

那么，经过这个沙哑歌者的时候，你会驻足吗？

一、关于阙姓

阙是一个很怪的姓，甚至连帮我找到租住房子的老刘也不知道究竟这个字怎么写。但是老阙在这里无疑是很有名的人了，因为他有六所房子供出租，生意在大学附近颇具规模。

我还是从老阙本人那里知道了这个姓的来历。他告诉我这是匈奴的古姓，也许是出于要把突厥人关进门的考虑吧，阙就把突厥的厥字放进了更严密一点的门里。而不是开放式的屋檐下，当然，这纯属我的胡乱想象，不过我还是希望它是有道理的，毕竟，当年秦汉两代的北方拉锯战让大部分中国人记住了这个北方的剽悍民族。这段历史仿佛让人一下就感到身处在金戈铁马的氛围中。那也是个英雄辈出的年代，包括不幸被秦二世陷害的北方屏障蒙恬，苦候公羊产仔、执节19年的苏武，一箭穿石的飞将军李广，连累太史公惨遭腐刑的李陵，分别有着平民将军之称和具有贵族风范的大将卫青和霍去病。在这个有匈奴作为对手的时代，没有人会发出“世无英雄，遂使竖子成名”的感慨。

匈奴对秦汉造成的伤害其实远远比对自身造成的伤害小得多，他们没有太史公，无法青史留下鲜明的形象，但是有两句诗一般的怨恨千古之后依然产生着回响：

亡我祁连山，使我牲畜不繁息。

失我焉支山，使我妇女无颜色。

张承志还由这两句怨恨出发，写下了长长的“匈奴的谶歌”，这个题目一下子让我觉得抓住了当年饱经风霜的面容下怨恨的眼神。

而战争后的结果则是俘虏成为奴隶，也许为宣扬教化的目的吧，汉武帝把一支匈奴人放到了曲阜，让他们成为孔家的奴隶，于是有了曲阜附近的阙里。

我想当年统治者的安排还是有道理的，毕竟文化对人的影响可以是长久的，这样的影响效果就远比直接强制归化要容易让人接受，不知道清代把一些犯官的家族流放宁古塔或者其他的边远地区，除了惩罚，是否也有促进文化交流的目的呢？如果是，那么应该是不成功的，毕竟，流放的同时还让那些著名的学者们有心情风花雪月是不大可能的。

后来，随着社会的发展，阙姓也有了迁徙的自由，于是，有了福建的一支阙姓，而我的房东便是这一支的阙姓。但是我向他提到电影《阙里人家》的时候，他却是一脸茫然了，也许家族的历史只是留下一个大概的痕迹了吧，没有必要再深究了。那个电影对这个匈奴人后裔小村的现代化状况给出了电影家眼中的印象，朱旭的演出充分反映了他老人家演技的精湛，这个电影的优秀基本是他支撑起来的。

我特意查了一下百家姓，居然有这个姓，想来这个姓很早就被官方收集到了。

二、老阙和他的房子

老阙是因为他妹妹和妹夫的缘故而来到澳大利亚的。

来读博士时，老阙已经过了 40 岁了。来澳大利亚之前，他曾在湖南省衡阳市一所大学担任讲师，范仲淹笔下的“衡阳雁去无留意”，说的便是那里。

随后他的老婆和孩子也来到了这里。孩子来澳大利亚时已经 15 岁了，来这里之后，他因为英语考了 57 分抱着妈妈的大腿哭了一次，之后就很快适应了，且成绩步步上升，最后为所在的中学拿到了多个奖杯，颇让老阙自豪。

但是，随着儿子适应了澳大利亚的生活，思想也很快地有了变化。

当老阙准备在悉尼为儿子贷款买套房子，让他在那里上大学的时候，遭到了儿子的断然拒绝。原因很简单，儿子认为贷款这么多，万一他们出了什么问题，自己不愿意去还这个贷款。

这是和儿子的第一次思想碰撞。

具有生意头脑的老阙为了使自己两口子和儿子的生活无忧无虑，拼命赚钱。投资可能是收益最大的一种方式，他投资的是房子，虽然银行的贷款达到了 100 多万澳元，但是房子到今天已经价值 180 万澳元了，投资回报率是相当可观的。即便如此，贷款的压力也是非常大的，以至于老阙不愿意只指望房子的租金来养房子，而是找了一个给人家打扫卫生的工作，一年的纯收入大概有 2 万 ~3 万澳元吧。他到了每天一回来躺下就睡的地步，腰椎间盘突出的问题也因为不断弯腰而变得越发厉害，他老婆则每天开一个多小时的车去一家养老院上班，她工作的主要内容是将自编的体操教给老年人。

他们住的地方甚至不如他们的房客，因为我刚好和他们住在一座房子里，所以我知道他们选择了一个很难租出去的楼下小屋作为自己的起居所。

据我了解，他们的六所房子是逐渐买到的，大约用了 5 年的时间，最初因为老阙自己有点积蓄，再加上家人的帮助，也就完成了第一笔投资，后面的第 2 ~ 6 所房子则依靠不断抵押前面的房子从银行贷款。据他自己分析，还有 10 多年就能还完所有的贷款了。在我的想象里，他们两口子就可以悠然躺在六所房子里好好享受生活了。

三、老阙和他的孩子

但是老阙的行为这却让儿子小阙不以为然。儿子非但对妈妈虔诚敬仰的菩萨没有兴趣，而且在父母还不知道的情况下，受洗而成了基督教徒。

但是，即使身为感念父母恩的基督徒，他仍然难以掩饰自己对父母的不屑。

有必要生活得这么辛苦吗？这成为儿子最大的困惑。儿子认为：

1）父母的做法让他觉得羞愧。

2）父母这样生活下去，如果是出于养老的目的，他怀疑是否还有老可养。

3）父母这样生活下去，如果是希望为儿子攒钱的话，儿子不需要。

4）儿子希望父母能改变生活方式，做到 Enjoy life。

而老阙的妻子对儿子的意见则是这么小的孩子就想 Enjoy life，那太不可思议了。

这代沟在我看来已经无法填补了，最好的方法当然是能哪天一下子中了彩票，把房子的贷款全部还完，然后就可以过得潇洒些。

我还问过老阙和他的妻子，为什么不再生一个孩子呢？老阙的妻子眼里闪过一丝哀伤的暗淡，“倒是想再要一个，可是已经生不出来了”，我想也许哀伤的背后有伤感的故事，就没有再继续这个话题。

其实，我的朋友老李到了澳大利亚之后就又生了两个孩子，怀上第二个孩子的时候他已经把自己在中国生的 12 岁儿子带到澳大利亚了，然后又生了一个儿子，生完后他爱人觉得不过瘾，又生了一个女儿，我去的时候老李的女儿也已经半岁了。

后来，我从其他渠道了解到，老阙的妻子因为在打工的过程中发生意外，把已经怀上的孩子流产了，再想要已经做不到了，只好放弃，他们两口子心里肯定是感到非常遗憾的。也许他们还因此有过关于下一个孩子的许多美好憧憬，却突然因为这么一个偶然的事件把这个憧憬给消灭了。我听过这个事情之后，想到他们与儿子产生了那么深的代沟，更替他们遗憾了。

四、结束语

尽管有这么多的房子和几乎一个接一个不停顿的房客，老阙两口子还是常在深夜吵架，有时争吵过程还伴随着碗或者杯子落地而碎的声音，有时候也会影响到我的睡眠。

在我离开澳大利亚的时候，和老阙有过一夜深谈，他高兴地谈到自己在墨尔本和悉尼又各买了两个楼花，价值超过 100 万澳元，即使现在卖掉，也能赚一些钱了。不过，他说，“我的眼光比较远”，他准备等到房子增值到更高的价格才会考虑出手，我祝福了他，然后，在吃了老阙妻子主动送给我的她给家里菩萨的供品梨之后，就告辞去睡了。第二天来接我的车很早就到了，我拿了自己的行李上了车，又看了一眼黎明前夜色掩映下静默的房子，又想到了老阙遥远的祖先，强制移民到曲阜时他们身上拴着的是战争失败的锁链，而现在的老阙身上也许也有锁链，不过那是可以带来财富的锁链。

飞回中国的747

一

终于离开，飞进蓝色
请容我平静地遗忘
我们有过的悲愁与喜乐
终于离开，被云拥抱
请容我宁静地分享
天地所有的无私与平和

于是
我悠悠地回头
向永恒的誓言嘲笑
请容许我小小的骄傲
我曾经有你经过的心

747，飞向异乡
请带我到另一个地方
747，飞向异乡
思念淡得无法想象

747，飞向异乡
带我到另一个地方

747，飞向异乡

任我孤独

任我流浪

不知道谁说过，再好的歌词也无法作为诗来欣赏。确是如此啊，即使有才华如罗大佑，那些歌词单独看起来也是非常怪异的。

我试图将上面的歌词排成马雅可夫斯基诗歌的形式，以增诗歌的蕴味，但是细细审视的时候，发现自己无法成功。

这让我怀念台湾地区的作曲家给诗人们的诗歌谱曲的年代。在这些诗歌中，著名的有徐志摩的《再别康桥》、郑愁予的《错误》，但是最受大家青睐的还是余光中，他的《民歌》和《回旋曲》被赋予了不同的旋律，而我最喜欢的是后者，他的诗歌中不像一般歌词中有不断重复的句子，作曲家的才华得到了最充分的展现。

向更远处追溯，欧洲则有着把名诗谱曲的传统，拜伦、歌德，尤其是席勒的很多诗被不同的作曲家不断地谱以不同的曲子，且很多已经传成经典。我还能清楚地记得拜伦的那些优美的诗，甚至连译者杨德豫的名字也依然可以一下子跳到笔端，高中时代的记忆确是让人惊叹。

尽管很一般的歌词无法让人单独记住，但是和简单美妙、好记的旋律结合在一起，却可以不断地在印象里被强化。

《飞向异乡的747》由吴永毅和张艾嘉共同作词，后者可是个鼎鼎大名的人物，不光得过金马奖，还是一个有特色的歌手。发现她演唱能力的一定是最没想象力的人。在听到她的歌声之后，我才知道一个人竟然完全可以不带任何感情地唱歌，而这样唱起来也可以不难听。

最初听到她的歌是和李宗盛 7 年前的合唱歌曲《爱情有什么道理》，她和一个有才华而不会唱歌的作曲家的组合实在是让人觉得有趣。

但是让我真正有感触的是《飞向异乡的 747》，也许开始听它的时候是因为我不断地想到送妻子去欧洲的情形。那个初秋的上午，我试图在候机楼外找个地方看 747 起飞，从南到北，却找不到一个不被遮挡的位置，在返回市区的机场大巴上，我一直难以想象 747 是怎样在没有进入我视线的情况下就离开了。

二

老李在一个月内去了两次悉尼，每次都是开着他那辆 1990 年的福特车。

第一次去悉尼的时候，我建议他完全可以依照我老板接我的形式，委托一家接人公司，每个人花 50 元把他的两个亲戚接到他家门口，这种门到门的服务十分方便和便宜。他说，因为是亲戚，亲自去接十分必要。

后来，从他和家人的通话中，我了解移民来的是他的小舅子一家。

从一开始准备接他即将来澳大利亚的亲戚，老李就不愿意多说有关他亲戚的事情，我倒是非常有兴趣，和他聊天的时候就随便问两句，他也就有一搭无一搭地回答着我的问题。

刚来澳洲的第一个星期对于这一对新移民来的夫妻而言是睡眠的日子，经过痛苦的等待过程，终于来到这个陌生的国度，从心理和体力上都到了极限。

于是，这一周的家庭电话内容主要是还睡着呢？和舅舅玩得好吗？等等。

我最关心的问题是这对夫妻来到澳大利亚后的工作，因为找工作是移民来这里的第一个也是最重要的事情，在其他人劝我办理移民的时候，我第一个想法就是我必须先找到工作，才会考虑移民的问题。

老李最初说，应该不用太担心，因为他小舅子的妻子是学英语的，而且是非常擅长与人打交道，所谓的“场面上的人”。老李还说“即使一时他找不到工作，他的妻子也会很快找到一个临时的工作，即使是当收银员，也是可以的。”

是啊，既然又学英语，又是“场面人”，看来我关于他妻子找工作的疑虑是多余的。

一周后，我再问起关于工作的问题时，老李说现在该催促他们两个去找工作了，并满怀信心地说，准备让他们到悉尼去找工作，毕竟那里人口多，工作机会也多。

再谈到找工作的情况时，老李还是感叹，即使在悉尼，他们夫妻二人找工作也是不容易的。

第三周，我周末到办公室的时候，意外地发现老李在办公室打电话，为了不打扰他，我借故出去了。这一次的电话持续了一个小时左右，应该是打给国内的岳父的。

第四周，当我问道找工作的事情如何时，老李说，一言难尽，我就不好再问了，想来实在是不顺利，心里就为他们重重地叹了口气。

我对真相的获得是在老伍从中国回来后了，他去了将近一年，是时候回来看看老婆了，和老李说，我看了你的岳父，问需要捎什么东西，你的小舅子也在，好在他们没有孩子，也无所谓了。

只有这片言只语了，因为老李已经打断他了，毕竟，相对于几年朋友的他们，我是外人。

当老李偶尔在聊天的时候再说到他开车去悉尼的时候，我就知趣地没有说话，我知道，那是去赶飞回中国的747。

中间，我多次和我妻子通电话，第一次谈到这件事情的时候，就说过自己的担心，我觉得我自己是没有来由的害怕着老李说的“场面上的人”，这个词让我非常不放心。老李不想提他们的时候，我的预感是如此的强烈，以至于再次向我的媳妇谈到了我早就料到的结果，甚至我们谈到了这个伟大的计划。

其一，原来就和这里的某人认识，一切只待正式移民过来，一举消失。

其二，通过网络就和这里的某人认识，到了这里，寻找机会认识，一旦觉得投缘，然后一举消失。

其三，通过什么方式和这里的某人认识，移民过来之后，利用一切机会制造和丈夫的矛盾，然后昂然离去。

第三种可能是阿城的一篇小说的大致内容，在那篇名为《间谍》的小说里，使前夫感到羞耻的是，妻子找的不过是个在澳大利亚开车的中国移民。当然，也许只有我们中国人才真正在意工作性质，更富于戏剧性的是，小说里小丈夫和妻子两个人在中国生的孩子有一个是澳大利亚开车的司机的。

当然，第三种可能和第一种可能差不多，只是后者显得稍微人性一些。

三

写完这个简单的故事之后，我一再想象在返回中国的机舱角落里的落寞男人。

最初把《飞回中国的747》作为本文的题目是觉得用《飞向异乡的747》不合适，但是当我最后再看一次这篇文章的时候，我发现，对于男人，这是个闹剧，而从女人的角度来看，这居然就是正剧啊。

于是

我悠悠地回头

向永恒的誓言嘲笑

此外，还有需要说明的两件事。第一，中国飞到澳大利亚的飞机不一定完全由747执行，有时候是空中客车或者波音飞机的其他机型；第二，这首歌的作曲是郑华娟，有一位喜欢这歌的朋友对这首歌的评价题目是：骄傲的逃离。

从正剧方面考虑，也许我还是应该使用歌的原名作题目。

一、江声浩荡

以下的句子直接摘引自罗曼·罗兰著，傅雷先生翻译的《约翰·克利斯朵夫》第一部，我希望直接用这些在我生命中最脆弱的时候给我美好感觉的句子作为这篇文章的开始。

岁月流逝……人生的大河中开始浮起回忆的岛屿。先是一些若有若无的小岛，仅仅在水面上探出头来的岩石。在它们周围，波平浪静，一片汪洋的水在晨光熹微中展布开去。随后又是些新的小岛在阳光中闪耀。

有些形象从灵魂的深处浮起，异乎寻常的清晰。无边无际的日子，在伟大而单调的摆动中轮回不已，永远没有分别，可是慢慢地显出一大串首尾相连的岁月，它们的面貌有些是笑盈盈的，有些是忧郁的。

时光的连续常会中断，但种种的往事能超越年月而相接……江声……钟声……不论你回溯到如何久远，——不论你在辽远的时间中想到你一生的哪一刻，——永远是它们深沉而熟悉的声音在歌唱。

钟声复起……天已黎明！它们互相应答，带点儿哀怨，带点儿凄凉，那么友好，那么静穆。柔缓的声音起处，化出无数的梦境，往事，欲念，希望，怀念，——几百年的往事在钟声中颤动。多少的悲欢离合！——他在卧室中仿佛眼见美丽的音波在轻清的空气中荡漾，看到无挂无碍的飞鸟掠过，和暖的微风吹过，一角青天在窗口微笑。

这些生命初期的日子在他脑中蜂拥浮动，宛似一片微风吹掠，云影掩映的麦田。

江声浩荡……

罗曼·罗兰让约翰·克利斯朵夫听到的“江声浩荡”实际上就是那条充满着浓重浪漫气息的莱茵河的河水声。尽管这些优美的句子都是那位天才音乐家童年时期对世界的想象，我却分明看到了作者的思想在里面缓缓地流动着。有人说约翰·克利斯朵夫的童年其实是作家把贝多芬的童年全盘搬到了自己的书里，也许是这样，至少我可以感觉到约翰·克利斯朵夫在恶劣环境中的抗争是贝多芬对命运不满的文学化。

受傅雷先生感染，我曾经在作家轮回式的“江声浩荡”“岁月流逝”“钟声复起”的文字沉迷。

决定佩服罗曼·罗兰和傅雷先生是在我读过一本书后开始的，那也许是我生命中最脆弱的一般时期：孤独地仰卧在病房里，只能去寻找那白色天花板和墙壁上的空隙和污渍，偶尔听听平时极少涉及的收音机，起来的时候除了看书就是细数楼前的树叶了。

在那段日子里，童年的印象时时冲击我的思想，让我痛苦。然而无法描述出这种感觉则加重了痛苦的程度。

在几乎绝望中，我看到了《约翰·克利斯朵夫》，我知道这个法国人笔下的德国音乐家就像我一样。他的童年里的愤恨与无助，对声音和环境的细腻的感觉如少年时代的我一般。真的是魔鬼式的作家，他的描写直接触及了我灵魂中最脆弱的部分，把它们暴露在潮湿已久的空气中。

在病情好转之后，我也读完了这本书，我知道，也许在生命的终了，在我脆弱的生命琴弦崩断之前，我要选择一个时刻，重新温习这浩荡的江声。

二、久违了，澄蓝色的天空

偶然回头张望时，我会常常发现很久没有注意到天空的蓝色了，少年的我有时候会去那小山上寻找融化在蓝色里的感觉，却每每失望而归，那漂浮的白色或者灰黑的云朵总是阻碍了我的视线，消灭了寻觅的意义。

对于蓝色的寻觅是我时时考虑的事情，于是一个成长中的少年，在学校里、在田野中、在小山坡上、在有限的时间里试图参透蓝色的意义，在徘徊复徘徊里，他逐渐长大了。

但是这澄蓝色的梦想却没有如儿时一样同步增长，似乎已经不再能够击中心灵，直到有一天，我看到了澳大利亚的天空。

我的住处距离海岸还有一段距离，四周的房屋零零落落地散布在海边典型的高低不平的坡上，除了房子本身是直立的，甚至连房前屋后的大片草地都是依山坡而随意地倾斜着，这里应该算是城市的郊区（Suburb）或者算是乡下的小镇了，人们常常走很久也看不见行人的痕迹，而荒草在野地里疯长着。

在由住处去商业区的路上，我经常体会着这种没有喧嚣的寂寞，看风吹倒了长得太高的草，听不远处公路上传来汽车急驶过的与地面的摩擦声。高兴的时候我就放肆地吼起歌，但是我知道，这些放肆只能回荡在旷野里，即使会有藏在草地里的鸟偶尔飞起，也只充当了抚慰我寂寞的自然回音。

但是我感觉到我是在那蓝色里了，四望时，不远处有些静默的树，而覆盖那树的就是我久违了的澄蓝色的天空。我那少年时期的印象一下子就跳到脑海里。

天蓝得特别纯粹。有时候，由于距离的关系由近及远而呈现出浅蓝和深蓝。近处的浅蓝色逐渐向远处的深蓝色过度，看近处的时候觉得明快，这明快牵引着自己的视线向着更蓝处漫溯，觉得就像一种无法回避的诱惑一样，心思随着这渐蓝而沉醉下去，然后全身就融化了。有时候，深蓝色会集中在头顶，浅蓝色则均匀地从蓝色的核心向着四周缓缓地浅下去，过度得如此自然，没有明显的边界，让人理解和谐的最佳境界。

其实，纽卡斯尔的天空以前不是这么蓝的。我第一次登上飞向悉尼的空中客车 A340 时就遇见了一位在纽卡斯尔待过 10 多年的澳大利亚人，他告诉我那里一度特别脏，主要是因为有煤矿的缘故，而且大多是天然的露天煤矿，后来政府注意到污染问题，提高了挖煤的技术，这样煤灰色的天空逐渐还原成了澄蓝色的天空。

幸好我到这里的时候就只见到美丽得让人心生无穷遐想的天空，看着这蓝色，我就可以回想起种种美好的事情。

有时，从商业区归来时已经接近黄昏，太阳在西北方的天空准备沉下去，有云的时候红霞漫天浸润，没有云的时候，那红色的热乎乎的太阳发出的光和傍晚时的深蓝天空混合成一种古怪的颜色，在西天慢慢变淡。

有时，雨会温和地落下，天空在酝酿雨的时刻像是由澄蓝色通过不断叠加而成为更深的蓝，蓝得不可琢磨。犹豫间，身边已是蒙蒙的细雨了，但是雨只是轻轻地落下，温柔地给你寻找躲雨地点。不过，很少人会躲雨，人们多是继续优雅行路，看不到一丝的慌乱。我一开始特别不习惯，总是一见雨来，便匆匆跑去，倒是少了些当地人雅致的品雨乐趣了，后来才发现雨的来临是如此的温柔体贴。

雨过后是瓦蓝的天空，比雨前的澄蓝多了些清新的味道，登高远望的时候，蓝色更加清楚，更加充满诱惑，让你的心发出“太美了，让我停住吧”的轻声呐喊。

看着这无尽的蓝色，我会想起那吟咏梵高的歌。胡里奥·伊格来西亚斯（Julio Iglesias）曾歌唱过，不过，同原唱相比，我更喜欢他奇特的西班牙颤音。

我有些困惑，不知道梵高那瓷蓝色的眼神是否可以和我现在看到的澄蓝色相比。也许相比之下，瓷蓝色更加明亮，而澄蓝色却有着非常明确的层次感和透明感。好在已经有人宣称了解了他盯着世界的瓷蓝色的眼神，这个伟大艺术家的灵魂也就可以安息在和他的眼神一样的世界里了。

三、Starry，Starry Night

Starry, Starry Night,

Paint your palette blue and gray,

Look out on a summer's day,

With eyes that know the darkness in my soul.

Shadows on the hills,

Sketch the trees and the daffodils,

Catch the breeze and the winter chills,

In colors on the snowy linen land.

Now I understand what you tried to say to me,

How you suffered for your sanity,

How you tried to set them free.

They would not listen, they did not know how.

Perhaps they'll listen now.

Starry, starry night.

Flaming flowers that brightly blaze,

Swirling clouds in violet haze,

Reflect in Vincent's eyes of China blue.

Colors changing hue, morning field of amber grain,

Weathered faces lined in pain,

Are soothed beneath the artist's loving hand.

For they could not love you,

But still your love was true.

And when no hope was left in sight

On that starry, starry night,

You took your life, as lovers often do.

But I could have told you, Vincent,

This world was never meant for one

As beautiful as you.

Starry, starry night.

Portraits hung in empty halls,

Frameless head on nameless walls,

With eyes that watch the world and can't forget.

Like the strangers that you've met,

The ragged men in the ragged clothes,

The silver thorn of bloody rose,

Lie crushed and broken on the virgin snow.

Now I think I know what you tried to say to me,

How you suffered for your sanity,

How you tried to set them free.

They would not listen, they're not listening still.

Perhaps they never will.

《星夜》是梵高的代表作，后来他的这种画法方才开始为他人仿效。

这里，我只关注歌词中的句子，并试着翻译如下：

遍布星光的夜晚

你在颜料板上涂抹上蓝色和灰色

用你那可以透视到我灵魂中黑暗的眼神

向着夏日张望

山上的阴影

勾勒出树和水仙的样子

雪中亚麻地映射出的色泽

诉说着那经过的轻风和冬寒

现在

我已经知道

你究竟希望告诉我什么

你是怎样因你的圣洁而痛楚

又是如何竭力在你的画中释放这痛楚

而他们！

过去从没有去聆听你的声音，

也没有试图去了解你的心灵

但是，也许现在在听了……

那遍布星光的夜晚

如明亮地绽放着璀璨的花朵

在紫罗兰色的薄雾中显现着涡状的云

反映在文森特瓷蓝色的眼神里

而这个世界无法爱你

尽管你对这世界的爱却依然是那么真切

当在那个遍布星光的夜晚

希望不再存在于你的眼波里

你也如那绝望的恋人，轻易地放弃了自己的生命

是吧，文森特，我已经告诉过你了吧

这个世界是如此污浊

它无法容纳你的美丽

遍布星光的夜晚

你的肖像胡乱地挂在空荡荡的大厅
迎面
无名的墙上
眼神盯着这世界，不愿遗忘。
就像你遇到过的陌生人一样
那个穿着破旧的人
带血的玫瑰荆棘的银冠
被碾碎，放置在初雪上

现在
我已经知道
你究竟希望告诉我什么
你是怎样因你的圣洁而无比痛楚
又是如何竭力在你的画中释放这痛楚
而他们！
过去从没有去聆听你的声音，现在依然没有倾听
也许，他们永远都不会……

无疑，这是很拙劣的翻译了，一个英语专业的本科生可以用它当作翻译课的改错作业，好在原作是歌词而不是诗，这样我也可以安慰一下自己。

需要说明的是，带血的玫瑰、荆棘的银冠用的是《圣经》中的

典故：耶稣被捕后曾经被人戴上荆棘做成的王冠，被羞辱为“看哪！这人，他是犹太的王”，哲学家尼采的著作《看哪！这人》也是直接用的这句话。

四、当蓝色的梦成为奢侈

在2003年年初的一则新闻里，我看到了北京许诺的全年不少于180个蓝天，终于在最后几天里实现了。这个许诺的蓝色和我们希望的蓝色还是有距离的。这样，当蓝色成为奢侈，成为生活中的非常态的时候，我还是会像以前那样，拼命地到处寻找一缕蓝色的感觉，为了它，我会爬上北京最高的山。

爬上了最高的山，我就可以找到它了，是吗？

一、前往内尔森海湾

又是一个周末，叶博士两口子约了赵博士一家三口、邓博士和我一起去内尔森海湾（NelsonBay）玩，大家约定周六早晨集合。我猜想应该会在海湾那里吃午饭，于是就去超市买了些东西，准备到时候吃。根据惯例，他们都会提上一个大篮子，装上水、水果、饭、菜、啤酒等，我就主要买了些零食。考虑到可能会在海滩上打扑克，我还带了些报纸。

我搭乘赵博士的车，她的丈夫、好脾气的小高是司机，其实小高明年也要拿到医学方向的博士学位了。他们两口子都是从山西的一个医院过来的，妻子先读的博士学位，不久丈夫也跟来了，也申请了攻读博士学位。他们的儿子是个健康的小胖子，已经上初中了，听说要出来玩还不太乐意，因为他觉得打游戏的时间少了。

坐在车里的感觉确实很好，小高放起了张明敏的老歌，有《爸爸的草鞋》《我的中国心》等。孩子却很不耐烦，觉得节奏太慢，坚持要听快歌，后来只好依了他。赵博士还特意告诉儿子，那是爸爸妈妈大学时期最喜欢的歌了，小孩子听了很不以为然。我轻轻地笑了，这也是我初中时代爱听的歌，曾经还为寻找歌词费尽了工夫。

我们去接了一下邓博士，邓博士又拿上很多吃的东西，然后大家浩浩荡荡地开向海湾。

二、路遇海水倒灌河

由于小高更加熟悉路线，就开在前面，路上不断地经过一片片绿色的草地，还有一个简易高尔夫球场，里面有几个人正在安静地打球，装球杆的推车放置在边上。

在澳大利亚的农村，路上多见的还是草地和牛马，草地上的牛马们懒散地两两相隔很远，有些在低头吃草，有着则百无聊赖地静止在绿色的背景里。

经过一座长长的大桥时，小高说可以在纽卡斯尔看到这座桥，远远看时比在上面看更加气派。桥下水流舒缓，近岸处有不少半身隐没在水里的树，绿叶摆动时给人一种清凉的感觉，河里有几只小船在懒懒地随波荡漾。小高说，你别看是河，里面流的却是海水。我心里一凛，难道原来听说的海水倒灌的现象居然是真的？小高说，没错，澳大利亚缺的就是水，所以政府认为整个国家最大的可承载人口数量是5000万人，现在接近2000万人，已达40%。

三、美丽的海湾和伟大的苍蝇

尽管车速很快，来到内尔森海湾也已经是1个小时之后的事情了，停好车后，我们开始爬山，山不高，海拔只有156米，充其量只能算是个小山包。

小高的儿子自是最有劲头的，很快就消失在前方。作为爸爸的小高重任在肩，抓紧赶上去，我们几个则边走边聊。山上多是灌木，直立的树不太多，上山的路上还有一些铁制的阶梯帮助行人上山，半路上有两个人打闹着很快地超过了我们。

最后，我们所有人都没有感觉到累就爬上了山，爬山的过程是和树木、灌木以脚下弯曲的山路对话的过程，还有脚下弯曲的山路。达到山顶的时候小高父子已经在那里俯瞰海上风光了。

我们是从小山的北部向上爬的，山脚下就是热闹的海湾，开始上山的时候看见岸边有长长的划艇和整齐的水手，想来是在进行训练，他们从海湾向着海峡划，海峡之外肯定是大海的方向，正好和我们爬山的方向一致。看着这些人，我脑海里就一下子想起韩乔生先生在电视台转播皮划艇比赛时不断唠叨的“8 人单（双）浆有（无）舵手”这样的话来了。

尽管我们登的是座小山，但是在山顶还是可以清楚地看到东部连着另外一片大陆的山脉，和我们脚下的山相对而立，中间是划艇选手们正在通过的窄窄的海峡，向南望则是非常广阔的海面，登高远眺的视野确实比在海边低处要开阔得多，心情也随之愉悦起来。我不禁在心里惊呼了一下，觉得心胸开阔了很多，有了圣人说的“智者乐水”的感觉。

山的南坡下有人在沙滩上晒太阳，和北边沙滩的喧嚣相比，一个人的海滩就显得特别寂静。一个人烦闷的时候对着大海应该是很异样的感觉吧，会感觉到自己的渺小和大海的博大。

我不禁想起澳大利亚史中记载的一个重大事件了。据说人们发现澳大利亚的时候被高山挡住了去路，然后就一直在海边溜达，那些著名的城市，如悉尼、墨尔本、珀斯等都在海边，并不是人们不想去更远的内陆，而是高山相阻，无法找到前进的方向。终于有一天，一个人爬上了海岸通向内地的大山的山顶，惊奇地发现那边是一片怎样的美丽平原啊。这样，澳大利亚海岸线发现史才真正地变成了澳大利亚发现史，更为广袤的土地终于呈现在人们面前。我此时登高远望的感觉已经如此美好，可以想象当时他们的快乐应该是多么难以形容。

在山顶的护栏上，我看见了一只特别大的苍蝇。

看苍蝇的空隙里，划艇运动员们已经远离海峡进入外海，我们远远地看见有一个小岛横亘在划艇的前方，也许这些人是把这个小岛作为他们的目的地。

从 156 米的山顶俯视水面还是有点眩晕的感觉，因为海水太蓝，蓝得像世界上最多情的眼眸，但是再深的蓝也没有能遮掩住海底悠游的水草，海水浮动的时候，我甚至可以感觉到水草在优雅地集体招摇。

时近中午时分，阳光使水面更加明亮，阳光所到之处，波光粼粼，澄蓝色的大海仿佛有了生命，在用偶尔的跳跃和不停地缓缓起伏来告诉拜访它的人们。

我到过青岛和厦门的海滨，分别在栈桥和胡里山看过近处的大海茫茫的样子，可是，太多过往的船和高耸的小岛遮住了我的视线，总是不能及远，而近处注视的时候，有诸多漂浮物因而海面有了腥臭的味道，总是让人紧皱眉头，而本来被我的一个老师热烈赞扬过的崂山脚下，如《尼罗河上的惨案》中澄蓝色大海的景象却没有被我发现，也许是期望太多吧，也许是现状如此吧，就这样，又在一个南面的国度完成了发现美丽大海的惊喜。和蓝天的试图完全包容你的全部身心不同，大海的澄蓝色可以扩展人的胸怀，在大海之上，你一切的愁闷可以得以舒展，也许会激起更多的雄心壮志。

大家各自静默地看着大海，后来有人提议，就照了几张相，然后我们收拾了一下心情准备下山，我留恋地再看了一眼大海，那么清晰见底，心里也就澄澈起来，没有了那种茫茫然的感觉。

下山之后，我们各自拿出来了自己的东西大吃一顿。

这是个美妙的周末的下午，来海滩的人很多，还有一些人直接到海里嬉戏，算是真正亲近了大海。

四、结束语

回去的路上大家都很沉默，我们再次经过了草地和牧场，牛儿们看上去还在原地悠闲地安静着或者吃着草，而我的心里却因为美景不常在身边而伤感了一下，再次经过海水倒灌河的时候，我看到一个人撑着小船在向岸边靠，想起了一个故事：一位大师在河里乘船从来不用船浆，总是任船随意漂泊，到了哪里他就开始在哪里宣扬佛法，而世界上总是有人没有得到佛法的照耀，所以他就这样不断地顺水漂流下去，这种没有岸的感觉对于我这样漂泊感很强的人来说也是一样的吧，你在此岸，你需要做的事情永远在彼岸。

我不禁怀念起远方的家乡和亲人温暖的笑容，尽管没有这么纯粹的美景，但是亲情却是美景无法替代的。

我的其他邻居

我最近的邻居是我的房东老阙和他的妻子，虽然他们有六所房子，可却总是住在这座房子里，所以是和我做邻居时间最长的人。此外，他们比我来得早得多，同时还是中国人，而且原来也在学校里当老师，在澳大利亚攻读了博士学位，也算是有相似的经历吧，所以我就对他有不同寻常的印象。

除去这个最近的邻居，我还有一些其他邻居。这里先介绍一下老阙房子的构造，这是座两层小楼，楼下按照设计规划应该是车库及放杂物的房间，但是为了获得最大程度的利用率，车库被封了起来作为房间向外出租，而楼上的房间则全部对外出租，楼上一共是四个房间，其中三间门挨门地在一处，另外一间则是个大房间，有内外两间，位于南面，和厨房及向着楼下的楼梯相邻；中间则是客厅。

让我稍微调整一下顺序，开始讲述我的邻居们。

匆匆过客一：波兰教授

最短时间的邻居是位来自波兰的老教授，一共就在我隔壁的房间住了2天，但是他并不是回波兰，而只是换到了老阙另外的一套房子里居住，也许觉得这边的条件不够好吧。我对他没有鲜明的印象，只记得是个白发的先生，瘦弱，他讲的英语里带着明显的大舌音，大概是斯拉夫语系的典型特征吧。在我读博士期间上英语课的时候，听老师说法国人讲话多用小舌头音，显得灵活、自如、优雅。波兰教授是来进行短期的学术访问的，他刚到的时候老阙还特地介绍了其他的房客给他，当然也包括我。在介绍我之前老阙还问我有没有英文名字，说介绍起来要好说一点，我一下子想不起来，于是就说，一定要有一个英文名字的话，就说 Eliot 吧，这是我最喜欢的一位诺贝尔奖诗人的名字，好在介绍的时候没有使用这个名字，我的心里倒是松了一口气。

匆匆过客二：“咕噜”英语

第二个匆匆过客是来这里的大学读研究生的澳大利亚人，来了以后也很快搬走了，他说话时声音总像是在嗓子里咕噜，以至于一句话要让他重复多遍才能让我听明白。这个澳大利亚人喜欢交流，动不动就和大家说话，看见他的时候多数是在电视机前，我们这些外国人都把他的英语认为是“咕噜”英语，不太能一下子明白，我看到他好几次都表现出无奈的表情，想来是在澳大利亚人对话时没有这个问题的缘故吧，就奇怪起外国人的听力水平来。

这个人刚来的时候，也许是什么都没有准备好的缘故，看到冰箱里的啤酒就问是不是我的，我说不是，是那个柬埔寨人的，他问能不能喝，我迟疑了一下，觉得应该可以吧，因为啤酒是小瓶装的，直接饮用很不方便，所以他又找杯子，我友好地送给他几个纸杯子。柬埔寨人回来以后，我还见到他们共同举杯的情景。

不知道是不是他希望交流得顺利一点，这个小伙子也只住了几天就消失了。

不愿讲汉语的马来西亚华裔

我最开始认识的邻居是个马来西亚华裔，他是来学语言然后回国做翻译的，所以对练习英语非常在意。我经常见他和那个住在南屋大房间的新西兰小伙一起聊天，还见过他们一起乘车去钓鱼。

我和他说话比较多，问过他关于马来西亚的一些事情，如他们的语言、文化等，相谈甚欢。

直到有一天，我偶然发现他的汉语说的和中国人没有不同，我感到很困惑：为什么会说汉语却故意装作不会说呢？

那是一个晚上，我和老阙两口子一起在二楼客厅里聊天，突然听到了外面的汉语对话，是两个人在互道再见，我以为是房东的儿子回来了，结果老阙妻子抿嘴笑了一下，偷偷地对我说，是那个马来西亚小伙子，我惊愕地张大嘴。女房东悄悄地向我解释，说他一开始对房东夫妇说自己不会汉语，但是他们班上中国同学多，所以也就不免用汉语交流了，这样回家他尽量不说汉语，我们也就装作不知道他会汉语。

这让我觉得有趣起来。不过，像他这样，在住处不说汉语，可是和班上的同学常用汉语交流，这样的学习能有效果吗？

后来他搬走了，我还以为是回国了，不过有一次逛超市的时候却遇见了他，我们还相互打了招呼，也许他还是觉得英文环境不好，换到另一家澳大利亚人家去住了。

新西兰男孩和澳大利亚女孩

除了那个马来西亚人之外，最初的邻居还有新西兰男孩和澳大利亚女孩，开始我还不知道他们是情侣，因为我看见过女孩在男孩屋子里待到很久，经过老阙的提示我才恍然大悟。

其实，我倒觉得新西兰人和澳大利亚人谈恋爱简直有点天作之合的意思了，原来我们经常以澳洲来代称澳大利亚、新西兰和其他的一些小国的，实际上，这两个国家有着非常大的相似性，以前两个国家因为同属英联邦的关系，新西兰人与澳大利亚人还曾经组成澳新军团参与协约国在土耳其加波利岛的登陆战役，且有 7600 余名澳洲士兵和 2500 余名新西兰士兵阵亡，因此把 4 月 25 日定为澳新军团纪念日，相当于我国的建军节。地理上和政治上的关系使得两个国家经常在一些事情上统一行动，甚至对方的签证都可以相互认可，有点像欧洲的申根协定国家了。

后来，女孩先退了房子离开了纽卡斯尔大学，男孩又住了 1 个月才走，走前他们曾经大吵了一架，我以为也许是分手了。后来，在男孩离开的时候女孩又出现了，笑着和我们打招呼，说他们很快要结婚了，我也很高兴地祝福了他们。

柬埔寨小伙

在所有的邻居里，我和黑黑的柬埔寨小伙的交往最多，和他的谈话内容也无所不包，从波尔布特到西哈努克，从首都金边到他做公务员的父母。从他那里，我知道了很多令我感到费解的事情。

第一，首都金边的名字在柬埔寨语里竟然就是“金色的边”的意思。这个名字由柬埔寨语翻译成汉语应该属于意译，和对约旦的理解一样，他说自己的国家的时候我居然没有听出来，后来仔细一查才发现是和我们国家有着“传统上友好邻邦”关系的国家啊，我当时是想解释一下自己对这个国家并不是不知道，实在是发音和汉语发音差别大了点。

第二，西哈努克在柬埔寨语里没有“克”这个音，而是“西哈努”。

第三，他们国家的人多数通晓2门外语——英语和法语。

在我离开以后，一个香港人住进了我原来住的屋，实际上，在波兰教授走后，来自东南亚和东亚的人全面入住了老阙在大学路113号的房子。

中篇

摇滚演唱会与印度莎丽

我决定了，从这周开始一定要每天坚持去大学的操场跑步。

和一部分人一样，我也是经常下决心做事的人，可总是因为这样那样的原因而违背自己的决心。

实际上，在来澳大利亚之前，我就已经决定好了，到了这个风景秀丽的小镇之后一定好好锻炼。毕竟，在绿草蓝天的地方锻炼，总是会比在空气污浊的地方锻炼效果好些，而获得这个亲近自然的机会，无论如何也并不算容易。

在周四，我关上办公室的门，穿好运动衣和运动鞋，就跑了出去。此时，我虽然还不知道操场所在的具体位置，但是感觉沿着小路一路跑下去肯定可以找到它，等到了操场后再说围操场跑几圈的问题。

跑了不到 5 分钟，就听见前面传来一阵摇滚风格的音乐。起初，我还以为是路边的咖啡馆在放歌，直到一转弯我才发现原来这里居然是一场颇有些规模的室外演唱会。

我中断了锻炼，找了块草地坐下来准备聆听这场音乐会。

乐器全都放在临时搭建的一个台子上，显得有点凌乱，大把大把各种不同颜色的线到处都是，不过我相信即使如此摆放也不会影响他们演奏的专业水准的。

这正是一场四人乐队的摇滚音乐会，长头发的主唱拿一把吉他，和其他的三人一样，也穿着两边突出如鳄鱼牙齿的长裤，显得夸张而时尚，和其他人的暗色调衣服不同，主唱穿着一条红色长裤，旁边的那些鳄鱼牙齿则是黄颜色，颜色对比鲜明，非常符合我们心目中对摇滚青年的印象。

我去的时候，他正在唱一首很长的歌，旋律优美，所以我听了顿觉有清明澄彻之感，觉得今天的锻炼时间选择的真是时候，居然遇到了一场不错的音乐会，可惜的是我只能听懂部分的字句，应该是自己的英文水平不够吧。

我是很少听这种室外音乐会的，1998 年夏天住在青岛的时候在石老人的海滩听过唯一一次，当时有黑豹、唐朝等著名乐队，也算是中国当时顶尖的摇滚乐队了。当时，我们几个年轻人和更多的游人一起挤在围栏外面，现在想起来还觉得非常过瘾。

比起我在青岛海滩听的音乐会来说，这里的观众少得有点可怜，而且现场气氛也远不如人多的时候好。不过，让我感到奇怪的是，我发现有个女子在观众和舞台之间的草地上跳舞，最初我还怀疑可能是节目的一部分，不过看她的舞步和音乐的旋律之间并不协调，就觉得也许是音乐的魅力让作为观众的她难以自禁了吧。

舞者身上披的东西很像印度的莎丽，她的样子看上去也特别像印度人，但是根据我看过的印度电影判断，她跳的也不是印度风格的舞蹈。

她的舞蹈很快就结束了，回到观众席上的时候，有人发出了笑声，是对她即兴演出的反应吧，至于是正面的鼓励还是负面的揶揄就不好判断了。

除了这个古怪的舞者之外，演唱的舞台前面摆满了鞋子，在演唱过程中，还有人继续把鞋子扔到草地上。开始时，我还怀疑是大家在演出到兴奋处十分激动的表现，后来看也许纯粹就是为了好玩。

这首歌特别长，而且主旋律也在不断重复，不过观众的兴趣还挺大，一直等到主唱结束演唱也还有些留恋的意思，我看到他把吉他从身上拿下来，告诉大家下周末在学校食堂还会有他们的演出，这次是室内演唱会。

在乐手们收拾舞台的时候，观众却都很平静，没有离开的意思，也许是很久不看一次这样的演出，有点意犹未尽吧。

到了下周末，我在办公室果然听到了食堂方向传来的乐声，虽然演唱是在室内，传到我耳朵中的声音却那么清晰，而且歌唱的曲目也特别多样化。可惜我没有记住时间，否则就可以在音乐会开始的时候去凑个热闹了。

在此后的一段时间内，我还是没有继续锻炼下去，直到一个办公室的老赵建议我们一起跑步，我才又开始了锻炼，这一次，由于是两个人的缘故，一直坚持了两个月。但是却没有再看到那里有演出，每次经过的时候我总要盼望似地望一眼，但是多数的时候是看见咖啡屋开业的样子，室外偶尔会有几个人在边喝咖啡边看书。

心下就有些怀念那次只看了最后一段的室外演唱会了。

应该没有用比“饕餮（tao tie）之徒”来形容吃自助餐的人更合适的词了吧?

一、饕餮之徒

早就知道有一个和吃有关的写起来非常复杂的词，但是初次对饕餮这个词有些了解还是在2001年左右。那时候，中央电视台准备举办一个名为“广告饕餮之夜”的活动，单为这个活动本身做的广告就让我觉得异常隆重，也让我知道了这个和吃有关的词究竟怎么读，原来我总是把它读作“wawu”的，因为这样读颇有张嘴大吃的架式。

经查《高级汉语大词典》，这个词的来源和意义是这么说的：

《说文》上解释到，饕，贪也；而《春秋左传注》则认为贪财为饕，贪食为餮，这是把两者的意思分别进行的解释。

再查《国际标准汉字大字典》，还可以看到另外一个角度的解释：

1. 传说中的一种凶恶贪食的野兽，古代铜器上面常用它的头部形状做装饰；

2. 喻凶恶贪婪的人；

3. 喻贪吃的人。

词典间的解释是很难统一的，以至于需要一些人专门去做训诂这样的学问，事实上，国学里有许多大师级的学者也是出身于训诂学的。

看到解释里提到的铜器上的野兽头却让我想起来一些什么了，记得参观博物馆的时候，在出土的青铜器上确是常见这种凶恶的头饰的，再细细一想，我们的先民最初就是用的青铜器煮饭或者煲汤啊，这样，在上面放这么个动物就更加可以理解了，当然，煲出的汤肯定是按照50人自助餐这样的分量准备的，否则就显得太浪费铜了，想来，在古代冶炼个大锅是何其的不容易啊。

每次我吃自助餐时，总感觉就是在进行关于“饕餮”的艺术试验，即使在这个物资不再贫乏的时代，我仍是个贪吃的人，这样，作为餮是不会有问题的，坦率地说，我也是个贪财的人，所以，请千万不要客气，一定要把我放到“饕餮之徒”的行列里。

二、PizzaHut = 必胜客，怎会这样

认识PizzaHut是在1997年的秋天，那时候，刚和妻子来到北京求学，闲暇时就去北京大学南门外的风入松书店蹭书看，来去的路上，总要经过一家卖比萨的店，那还是我第一次见到比萨这个东西，看到那一个不大的饼居然卖到60~80元的价格，我十分惊讶。

有一次，我还曾试图进到店里去看个究竟，最终被妻子拉住了，看着门口似笑非笑的服务小姐的脸色，我终于觉得对钱的渴望是那么可以被理解，那时候我一个月的生活补贴是317元，没有其他收入，除了到学期末，至多还有学校建议导师给学生的每月100元的助研补贴。

后来我还是去吃了比萨，不过是在另外一家叫作“达美乐”的店，英文是“Domino”，当然，吃它的主要原因是它有类似麦当劳的

套餐，那就是存在这样的组合：A+B+C，其中：

A：一杯饮料（碳酸饮料或茶）；

B：一块比萨饼；

C：另外一块比萨饼或者蒜味的面包条或者意大利面条或者蔬菜色拉。

套餐的组合倒是比麦当劳的还要多样化一些。

有段时间这个比萨店还有优惠活动，是和附近的一家超市共同策划的，那家超市也许是学习了国外的先进经验，在每个购物小条后面，加了些广告。除了赤裸裸的产品广告外，有时候会有一些商家的优惠券，这个达美乐就是其中之一，使用这个优惠券的时候用平时的价格 19.90 元可以买两套套餐。我还注意到，这个优惠券在购物小条的背面是和其他的广告相间出现的，这样，买一次东西还不一定就碰到这个优惠券。于是我决定和妻子各买一包 3 角的榨菜，然后紧临着一起排队去收款台，以增加获得这个券的机会，有时候这个策略还很奏效，于是我们曾经得到过不少券。

因为有这一家优惠的比萨店，我就一直没有去吃必胜客，直到来到了这个南半球的国度。

三、首次在必胜客吃自助餐

其实这里也是有达美乐的，而且其营销模式和中国的店没有什么区别，主打比萨的外卖市场和优惠券，但是，优惠券的发行和中国有所不同，主要渠道是在报纸中加带，而非印在超市购物小条的背面。

但是最可恶的是，离我住处近的商业区没有这个店，只有一个PizzaHut，这样，吃比萨的愿望使我别无选择。

我第一次匆匆走进去，发现了一个牌子，上面写着：请排队等待服务员领您入座。我觉得纳闷，看了一眼，并没有几个人在店里吃饭啊，那应该自己胡乱坐就是了，干吗非要领位员呢？我就到附近看了看墙上的比萨的图片和相应的价格，结果我越看越不自信，最后居然觉得无法弄明白究竟怎样在这个店里吃饭，于是我抓紧时间离开了这个店，并对自己的英语产生了深深的怀疑。虽然和服务员一句话都没说，但是感觉自己大大失了锐气。

去逛了一会，我就悻悻地去旁边的肯德基吃了套餐，因为国内到处是肯德基，我对这个比较熟悉，虽然要可乐还是橙汁的时候没有说清楚，最后要了可乐。

几周后的一个周末，我决定一定要去吃一次必胜客。

进门后，我毅然地站到了一个牌子后面，于是一个小伙子过来把我领到了一个座位前，要点什么呢，我拿起菜单，发现有多个选择，因为看到了有几个顾客自己在一个放了很多比萨的台子上自取比萨，我就说自助餐怎么吃？他说自己去拿，然后问我还需要什么，我看到大家不是喝水就是喝可乐，说再来杯可乐吧，于是服务员去拿了杯可乐，我开始拿起盘子去盛比萨。居然放了八种比萨，既然都是比萨，我取的时候肯定是每样拿一块了，我想这也非常符合正常的选择规律，拿着满满的比萨盘子，我又看到了旁边还有其他东西，几个人正盛的带劲，我也拿了个碗毫不客气地什么都要了点，包括哈密瓜、黄瓜、生菜、甜点心、大块的红绿果冻、芹菜、西红柿等。

一边吃一边看别人吃是一种乐趣，有一对情侣居然要了一大杯冰水让我很是奇怪，觉得纯水有什么可喝的啊，还不如直接喝饮料呢，要知道，水的价格和饮料差不哪里去。当然，想到人家可能根本就不考虑价格，只是按照爱好或者习惯来选择，自己又觉得颇为泄气。尽管我才三十多岁，但是这种物资缺乏带来的体验和经验却在脑海中挥之不去，也许要伴随我一生了，可是这种感觉究竟怎么来的呢？我记得我妈可是从来没有委屈过我啊，当然除了那次我一定要吃午餐肉却没有被批准的之外，不过后来想想，午餐肉着实没有什么可吃的。

我准备很优雅地进餐，拿起刀子开始切比萨，直到每块切了四小块才罢休，然后拿起叉子缓缓地将第一块送进嘴里，而嘴巴却很不争气地粗略地咀嚼了两口就直接把它送进消化中心——胃里。

吃第二小块时，我想应该好好品味一下了，就竭力按捺住嘴巴的激动，让饼上的酱料在嘴里多“跑”了几圈，然后轻轻地放入了胃里，舔舔舌头，感叹了一下，味道不错。

这样，我对这八块比萨进行了围剿。等吃完比萨感觉还是意犹未尽，就开始品尝哈密瓜了。

我要的一杯可乐已经送来，感觉噎的时候就喝一口，喝着喝着，却发现自己的战斗力大大降低了，面对各种不同的配餐食品，深有力不从心之感。

这时，我发现了一件让我觉得非常愤怒的事情，在配餐的旁边居然有冰激凌机，居然没有人提醒我，再看看送来的账单，更加让我气愤，可乐居然2澳元一杯。

我还不太想立刻离去，就仔细研究了一下菜单，失望又一次涌上心头，原来周一至周五的自助餐是7.95元，而周六和周日的则是10.95元，同样的自助餐，价格居然有如此大的区别，我十分生气但是人家明码标价，让我有苦说不出，只好认了。

结账后，我带着我的明显胀大的肚子向外走，心里还是想着如何抵消这次的损失，那只好是趁周一到周五的时候来吃了，而且不要饮料，我要猛吃其冰激淋以代替饮料，想到这里，不由恶狠狠地露出了微笑。

四、老马的评论和继续在必胜客吃自助餐

我向老马诉说委屈的时候，他告诉我弥补这次损失的绝招就是趁平时去吃，这和我的主意不谋而合。

老马还跟我说，达美乐发行的优惠券可以在必胜客使用。居然有这样的事，我惊愕不已，老马说他就曾经用过，没有问题。真是不说不知道啊，看来需要攒些报纸中的优惠券了，好在房东家里每周都有几份免费的报纸，里面不时地就会有些优惠券，我一定加以留意。

老马还说，以他的饭量，吃掉6块比萨没有问题，然后问我吃了多少，我没好意思告诉他我吃了8块，还不包括配餐，否则那显得我多没出息啊，要知道，平时老马的饭量是我的2倍。

我还跟老马说到一些人只吃芯，而对比萨的外圈弃之不吃的手法，老马经过分析认为，一是可能他们就是喜欢吃芯的部分，二是可能希望多吃几种，毕竟不是所有的人都能够把 8 种比萨全部品尝完的。

不管怎么样，下周我就实施了我的计划，没有要饮料，当在收银台上付款的时候，一个小姑娘嘟囔了一句什么，我没有听清楚，认为是问我有没有喝饮料，我就回答“No”，却见她很惊奇地看了看我，又说了一遍，当然回答还是“No”，我只想着这次应该付 7.95 元了，就没有仔细听，不过第二次我听着觉得不是问饮料，就让她重复了一下，第三次听清楚了，她问的是“Enjoy your meal?”，大致相当于“吃得好吧?”之类可有可无的话，我们中国饭店的服务员也时不时在顾客走时问一句，明白了以后，我连忙抱歉般地说“Sure, yes, yes”，她便微笑了，也许知道我的英语不好，她就原谅我了。

第三次再去吃的时候，还是这个小姑娘为我服务，这次她没有问我要不要饮料。付账的时候，她也什么都没有说，让我颇为上次的话感到抱歉。但是每天那么多人去吃，她不会还记得我吧？我这样祈祷着。

从悉尼回来，下周就要离开澳大利亚了，我周四去吃了次告别餐，付款的时候意外地发现自助已经涨价到 8.95 元了，也许像我这样的人太多了，他们的利润越来越薄，以至于需要涨价来应对。

以上就是我的比萨饕餮之旅，也许你也有涮羊肉饕餮之旅，那么，哪天我们交流交流？

关于车牌号的课堂录音

同学们，这一节课，我们开始讲授关于车牌的功课，都拿出课本来了吗？

我想先从我国谈起，都知道2002年发生的车牌改革吧，什么？不知道，那先从这里讲吧。

难怪同学们说不知道，因为我国车牌的个性化改革是从2002年开始的，可是不到几个月就叫停了，原因众说纷纭，没有官方的正式说法，我们也不去谈它了，在下面的讨论中再一一涉及。先不管它，让我们首先看看汽车和汽车车牌到底是从什么时候开始的。

一般认为，1886年1月29日的这一天是现代汽车的诞生日，这天，德国曼海姆专利局批准卡尔·本茨（本茨大家也许不知道，奔驰总知道吧，就是它）为其在1885年研制成功的三轮汽车申请的专利。而车牌当然要晚一些，据记载是1893年，法国巴黎开始实行车辆登记、使用车牌并发放驾驶证。这也许是车牌正式进入历史舞台。中国进口第一辆汽车则是已经到了1901年了。

好了，同学们，讲完第一节内容，让我们看看车牌怎么体现个性化的。先从老师小时候的事情讲起。

我在小时候曾经坐过我姨夫的车去过在我心目中简直伟大的不得了的济南城。那时候坐坐大卡车觉得风光得很啊，我同时也是个好奇的少年，因为稀罕，所以记住了那辆解放牌大卡车的车牌号，是14－82222，其中的14表示山东，这是49年新中国成立以后到92年的车牌号，由省（市、区）代号（以数字表示）＋车的顺序号（5位）组成，后来的一次改革基本上是一个思路，变成了省（市、区）简称 + 地区/市代号（以英文字母表示） + 车的顺序号（六位），比如，车牌号鲁 A - D0541 就表示是山东济南的第 D0541 辆车的意思，当然，这里这个 D 的出现有点怪异，那是因为数字不够用的，所以在 99999 后开始使用 A0001 来表示第 10 万辆车的意思，其他的字母也类似，后面的这种被称为 92 式车牌，据说也是电脑选的，但是象 88888 这样的号您就别指望会正好轮到你了，或者永远轮不到。

以上是关于车牌的第一个要点，希望大家记熟，考试的时候这将是非常重要的内容之一。好了，不多说了，进入第二个阶段，这部分属于选修，不列入考试范围，但是还是很有意思的，大家注意听讲，张娟同学，不要再在课本下面藏三毛的书了，听见没有？

2002 年开始的四个城市的车牌改革虽然一度夭折，但是还是很有意思的，为了生动起见，先从这四个城市的第一说起。

深圳第一块车牌：粤 B860068

北京第一块车牌：京 A123456

天津第一块车牌：津 ATJS001

杭州第一块车牌：浙 AWIN100

看出规律来了吧，基本就是“省（市、区）简称 + 市/区代号（以英文字母表示） + 三位字母或数字 + 三位数字（六位车的个性号）”这个模式。

当大家开始猛烈地使用个性化车牌的时候，有人特意还总结过规律，这里，也引用一下这位翟兵营先生文章的一部分（《北京青年报》2002 年 8 月 21 日，http：//www. people. com. cn/GB/jinji/32/178/20020821/804860. html），同学们，这里顺便提一句，写文章一定要尊重别人的成果，该引用的时候别不好意思把别人的名字拿出来，否则就会被指责剽窃，已经有不少同学犯过类似的错误了，很多人甚至弄了一鼻子灰。首先再声明一下，我没有全文引用，很多地方用自己的话说了一下，所以我绝对是版权保护的模范。

个性化车牌亮相后，除了吉利数字以外还有很多精彩的组合，有的很有创意，以下简单根据总结的六个规律，介绍几个具体的车牌。

·第一类：幻想型

IAM007：意为“我是 007”。

UFO001：第一个不明飞行物？

BMW007：宝马车与这个牌照一起用可以说是绝配。

GOD945：典型的幻想型，“上帝就是我”。

RMB918：人民币，就要发。车主看来比较缺钱啊。

·第二类：尊贵型

CHN001：这个车号产生在深圳，可以说是最尊贵的一个车号了，中国第一号！不过北京事先就说好了，不让使用 CHN，看来是有点先见之明啊。

VIP800：VIP 的意思是 Very Important Person 的缩写，用这辆车去接客户，客户一定喜欢。而且还是 800（免费电话的开头三位），不要钱，谁不喜欢！

DOO001：乍一看还以为前面都是“0”呢，车主就是为了争这个第一！如果前面的D能用英文字母O的话则效果会更好。

·第三类：自信型

MAN001：男人！多么自信的一个车牌——男人中的第一！

WIN001：车主对WIN100的解释是“稳赢”。

·第四类：网虫型

163COM和263NET的车牌都有了，不过老师觉得这有点为网站做广告的意思，也许就是网站老板去申请的呢？谁知道呢。

ICQ521：ICQ是一个聊天软件，521是我爱你的意思，可以看出车主的网虫属性。

·第五类：浪漫型

GEM001：“GEM”是宝石的意思，是一件珍贵又浪漫的东西。这个名字可以说是不俗。

211314：6个数字含义深刻：“爱你一生一世”，呵呵。

GBB988：乖宝宝叫爸爸，看看，是不是这个意思？

·第六类：弄巧成拙型

TMD001：TMD是美国弹道导弹防御系统，也许车主是一个狂热的军事爱好者，如果他同时是网虫的话，应该知道这三个字已经成了网络里面骂人时常用的语言，就是鲁迅先生说过的国骂最著名的那三个字！

后来出现了一些 USA911，SEX001 之类的车牌，还有些用了别人的商标，如上面举的那个 BMW，有些人认为是这些车牌有不够善良的倾向或者低级趣味，或者有对别人的商标有侵犯的意思，所以意见不一，最后导致取消了这个版本的车牌号。

我觉得，如果真是这些原因的话，是非常可笑的。

这样吧，各位同学，我们一起来看看外国的车牌号。先看美国的情况。首先说一下，老师没有去过美国，这里只能拾人牙慧了。

在美国，不同的州、不同的地区，甚至不同的部门，车牌均可以不同。密西根州的大湖区、缅因州的大学都可以拥有自己特色的车牌。但是，约有超过 200 种组合被美国联邦政府强制规定不得使用，看来，美国管车牌的部门事先是考虑到一些问题的。

此外，非常或者更加个性化的车牌需要交钱，除了注册车牌的 200 美元手续费以外，如果车主希望在车牌上出现自己的名字，要额外付 50 美元；如果希望在车牌上使用特殊文字（如自己的名字）、图案（画个秃鹫什么的），还要另付 50 美元。

说完美国的车牌之后，老师可要深度表现一下自己了，老师虽然没有去过美国，可是却访问过澳大利亚，所以特别要介绍一下澳大利亚的车牌号。我先喝口水，大家也先放松一下神经。

好了，扩胸运动都做完了吧，现在开始讲老师我亲眼看到的和我国 2002 式车牌类似的澳大利亚车牌号，我一到达悉尼就发现了这个问题，到悉尼的车牌号的时候我很是惊讶，还以为我国 2002 年改革时用的车牌号是借鉴这里的思路呢。

基本上，这里的车牌采用的是类似 AQL247 的主体形式，如果汽车是新南维尔士州的，则在前面加上 NSW（New South Wales）的州名缩写，新南维尔士州有的车牌的下方或者上方还有 The First State（第一州），The Premier State（首善之州），Towards 2000（奔向 2000）之类的话，其实都是些表扬与自我表扬的话，我猜测应该和美国不同，这样的话肯定是不需要车主为之付账的。

因为我一直在新南维尔士州出没，所以很少看见其他州的车牌，偶然见到的一个维多利亚州的车牌号也基本上是“三个字母 + 三个数字”不过它的自我表扬的话是“Garden State（花园之洲）”或者“On The Move”，我似乎记得还有 The Sunny State（阳光之州），但是有在维多利亚州读书的朋友说我记错了，呵呵，也许吧；昆士兰州有的车牌上则是 The Smart State（聪慧之州），作为澳洲最大的岛屿的塔斯马尼亚车牌上则有 The Holiday Isle（渡假岛）的字样，大概是要让自己州的休闲之岛的形象深入人心吧。

位于新南维尔士州的首都堪培拉的车牌上和其他的地区还有点区别，有的车牌上有 The National Capital（一国之都），好家伙，全是厉害的地方，算是各有千秋吧。

虽然我见到的大多数车牌号多数是以上的形式，但是还有一些不符合“三个字母 + 三个数字”的组合，不过这些数量特别少，比如只有 5 位的：DF785，还有其他形式如：AJU87K，KH2361 等，分别是“三个字母 + 两个数字 + 一个字母”，或者“2 位字母 + 4 位数字”，我没有就此问题咨询相关部门（倒是那些做中国的 2002 车牌的人应该做这个工作），所以不知道其中的规律是怎么设置的，自己推断认为应该是非常灵活的，并不拘泥于某种形式。

尽管这个问题我没有仔细追究，但还是特意问过几个澳大利亚人，他们也都说不出所以然来，大概平素很少注意和自己其实没有切身联系的东西吧。不过，有一点倒是从他们那里知道了，就是车管部门第一次给车主的车牌是不要钱的，但是号码必须是随机产生的，这是就新车而言，旧车则直接用原来的那个号码就是了，如果自己一定希望选择一个喜欢的车牌号，则是要另外收钱的。

同学们看到了吧，和其他人比起来，像老师我这样的有心人不多啊，凡事追究个所以然才是科学的态度。

在去黄金海岸旅游的过程中，因为是进入昆士兰州，所以又特意注意了一些该州的车牌号，有一个 754KFT，形式就是“三个数字 + 三个字母”，还有 5234TT 这样的车牌，还有一个车牌我印象深刻，是 888ATL，这个车牌一下子让老师想起来莫非澳大利亚人也对“发”感兴趣。

此外，关于车牌的颜色也有不同。我看到的其他几个州的车牌都是白底蓝字，而新南维尔士州的车牌则多数是黑字，底的颜色则有所不同。

在澳大利亚，我注意到，车牌是没有考虑要保护那些所谓的著名商标的，我曾经见过一个车牌是 LG1104，还有一个则是 GM2983，想来 LG 和通用公司是不会去找他们理论的，记得中国 2002 车牌发放的时候有人担心大家用 IBM 等著名商标，觉得会侵犯公司的权益，实在是操无聊的心。

好了，同学们，今天的课就是这些内容，我再最后总结一下课堂的主要内容，然后我们下课吃饭去。

1. 我们经历过三个车牌阶段，但是第三阶段属于中途夭折，夭折得没有道理。第二阶段的车牌模式“省（市、区）简称 + 地区/市代号（以英文字母表示） + 车的顺序号（六位）”沿用至今。

2. 美国车牌的个性化程度比较高，但是也有 200 多个忌讳，而且个性化是有代价的，需要交另外的钱。

3. 澳大利亚的车牌形式比较自由，有些接近我们的 02 式车牌，而且第一次申请是不收费的，只要个性化的时候才需要收费，这一点我们是可以借鉴一下的。

4. 张娟同学翻书的次数超过 5 次，我说的是三毛的书，至少看了 2 篇文章，难道三毛的文章也很短吗？此外，张娟同学平时成绩记为零分，期末考不到 90 分的话你就准备明年继续听我的课吧，很高兴有同学愿意珍惜这样的机会。

好，下课！

在澳大利亚，我还看到一个非常奇怪的现象，在学校和超市里都有不少人光脚走路，也许这里的人多数比较讲究卫生，很少有路上乱吐痰等不好的现象吧。其实海边也没有那么多灰尘，空气很干净，所以，光脚走路也就不会沾一脚尘土。

拍菠萝博士在我访问的那个学院里是个讲师，他就是教师里面为数不多的赤脚大仙之一。当然我相信他在上课的时候肯定不赤脚，但是在自己办公室或者偶然去卫生间的时候，赤脚也是一种解脱。

他的老婆瑞吉娜博士有点意思，虽然在阿根廷出生并长大，博士学位也是在本国拿的，但是长的却有点像亚洲人，当然，即使真是亚洲人，也是最漂亮的那种。

我一直感觉，一看拍菠萝博士就觉得他是个典型的阿根廷男人，脸上明显带着因为常说西班牙语而具备的特征，至于什么特征，您也别追问我，我还真说不清楚。也许像马拉多纳？

那一天，我和瑞吉娜走了个面对面，她非常热情地和我打了招呼，让我有点稀罕，因为本来和她不熟悉，见面至多是点头而已。

后来知道，她的高兴是有原因的，没几天就看见她在大肆搬家，而且很有意思的是，搬到了拍菠萝的隔壁，上面的名牌上也写上了她的名字，原来是由临时工变成了正式雇员，后来从同我一个办公室的老李那里知道她竟然得到了一个讲师的职位，然后这个消息又在我的合作者叶博士那里获得了验证。

老李对这个事情很有意见，因为他一直觉得瑞吉娜的专业背景是化工材料这个方向的，怎么能在计算机科学和软件工程这个系找到一个固定职位呢？我后来查了查瑞吉娜的简历和已发表文章，发现她倒不是老李说的那样，和计算机和软件工程没有任何关系，但是也没有很密切的关系，她原来读的是管理科学类的博士，做的研究主要集中在企业资源计划方面。

但是这个并不妨碍我们大家感慨一下，因为拍菠萝肯定在这个过程中起到了非常关键的作用，原因是前段时间这个职位的竞争者有 113 个人，来自全世界不少地方的博士们都递交了申请，而进入 Shortlist（当面面试或者远程电话面试）的只有 5 个人，最终入闱的只有瑞吉娜一个了，而她肯定不是最合适的，至少在她的发表论文记录上，确实看不出有合适的地方。

这里，我先解释一下澳大利亚大学的职位设置，让您心里先有个数。一般地，各系只有一个教授的职位，有些叫讲座教授，可能是用捐赠这个位置的人的名字命名或者用捐赠单位来命名的，可以说，有两个教授职位的情况就非常少。除了教授之外，第二个重要职位就是副教授，一般地，一个系里有 2 个左右，根据系的大小数目有所不同，但是数目也不会更多。接着是高级讲师和讲师的职位，一般前者会有三四个，后者数量则一般在 5 个左右。不出意外的话，系里那个唯一的教授一定要是世界级的科学家，有着比较崇高的学术地位，他甚至可以不在学校教课，起的也主要是撑门面的作用。

除了教授之外的教职大多一聘 5 年，然后到期再续聘，到了一定程度就可以成为所谓的“长期职位”（Tenure - Tracked，有的翻译成终身职位），也就是说，这时候学校就不会随意解聘了，您就捧上了铁饭碗，可以不必再考虑为保住这个位置每年必须做多少多少研究工作了。当然，完全不做研究也不可能，这个基本靠自觉了。

这些个教授、讲师们是从哪里用怎样的方法选来的呢？我以我自己为例来说明一下招聘过程。我在澳大利亚参加了一次应聘的全过程，就差最后一步了，虽然最后没有被聘用，但是也算知道整个过程是怎么回事了。

当时胡乱浏览学校的招聘网站，我看到了统计系有一个讲师的职位在空着，说需要数据挖掘这个方向的人，而且向国际应聘者开放，我肯定满足这些基本门槛要求，就去几步之外的人事处送了一式 5 份的申请书，申请书学校人事部门都有固定的格式，可以从网上自由下载。

递交申请书后就是一个漫长的等待的过程。按照学校提供给大家的说明，有一个初选过程，这个初选由系里、系所属的学院和学校的人事部门来联合筛选，大概就是在这个简历里挑几个更合适的吧，根据发表论文、研究经历、自己毕业的学校等。一般情况下，会遴选出 3 ~ 5 人进入短名单，英文名叫做 Short list，就是进入第二轮了；之后，就是安排当面面试或者远程电话面试。如果候选人在澳大利亚，一般会由学校出资要求他/她到学校来参加面试，如果是在海外，则肯定要采取电话面试。

这次的应聘，我有幸成为被 short list 的四个人中的一个，后来知道，应聘的居然有 186 人，我的天，怎么至于啊，看来，全球都在失业的严冬中。

通知面试后，相聘单位会发给应聘者参加面试的教授名单，我看了一下，面试我的五个会审专家（Panel Member）——我戏称他们为牛人——的组成是：

牛人 1：数学和物理科学学院的院长，教授；

牛人 2：统计系，教授；

牛人 3：研究生院院长，教授；

牛人 4：生物系，生物统计研究方向，副教授；

牛人 5：大学中央海岸分校区，高级讲师。

也算是个层次分明的名单了，所以选那个在分校的老师也许是因为这个职位需要去分校教课的缘故吧。

面试程序也是事先告诉我的。第一是先介绍自己的基本情况，然后由 5 个牛人分别就专业、个人品质、爱好等提问题。最后自己对于这些人还希望知道些什么，他们还会客气地问一下。

这样，一个上午把这几个人全部面试完，你就可以回去等结果了，一般地会在 2 周后告知结果。

尽管事先有瑞吉娜这样的例子，我还是对这个抱了一些希望，好好准备了一下。自己在面试时的感觉也还不错，回去以后，老李还祝福了我，说也许有戏，我就大笑了两声，说："拉倒吧，你也知道澳大利亚的讲师是怎么炼成的，像我这样的情况下肯定炼不成的。"没有把它当回事。

后来叶博士、小高一家和我一起去内尔森海湾的时候我们还谈到了这个问题，小高的爱人赵博士还谈到他们医学院前段时间招聘的事情。

当时前期工作也都是按照顺序做的，最后，系主任和本系的她的导师，一位讲座教授一起参加了最后的面试，系主任还就这个问题和这个讲座教授交换了意见。教授说了自己对几个候选人的看法，他看好一个已经做过几年讲师的人。但是，他的意见最终没有得到系主任的尊重，弄得老先生很生气，因为最后的赢家是系主任美国合作者的一个学生，整个 Panel 里的人就没人给予这个女孩比别人更好的评价。

也就是说，实际上所谓的 Panel Review 基本没有起到什么作用，赵博士讲完这个故事后告诉我，别指望会聘用你，不知道后面有谁有背景呢。

我失望了一下，不过因为事先也清楚一点背景，所以也没有太失望，只是有了一句“天下乌鸦一般黑”的感叹。

经过如此复杂的过程，澳大利亚的讲师就炼成了。

我回到国内的时候才接到被拒绝的消息，不过，这时候已经开始这边的工作，所以向老婆汇报了一下结果，就放下了，直到再写这篇文章。

摆开场子公开叫卖

上一篇文章我们提到澳大利亚大学是如何招聘教师的，这一篇我们来谈谈大学是怎么叫卖毕业生的。上过大学的人在最后一年都这么被公开叫卖过，包括1993年的我。

对于大学来说，招聘和叫卖是一个问题的两方面，招聘教师自有全世界的人来应聘，所以要容易得多；但是叫卖学生却只能面向本地推销。人们都知道，这世界上的工作机会不多，而新南威尔士州的名牌大学又多，所以，推销学生就成了很难的工作。

一次，我在纽卡斯尔大学摆下的场子里，看了看叫卖学生的过程。

这件事情是Amy告诉老李和我的，否则我们两个两耳不闻窗外事，还真不知道有这么一个招聘会。Amy是个中国女子，据她说，在前几年刚嫁到澳大利亚的时候，嫁给澳大利亚人的，只能把hello这样单词说清楚，更多的就不行了。听了这番语话我的直接判断她是为了婚姻才来到这个国家。Amy在认识老李和我的时候，刚申请到奖学金准备读软件工程的博士，我也给她看过几篇我写的一些文章。她对于我写的东西有很大的意见，尤其是在看了《有着匈奴古姓的房东》后，她甚至害怕起我来。她说："像你这样的人谁敢和你交朋友啊，交着交着朋友你就把朋友的事情写进文章里了，可怕。"我就开玩笑地说，我写你的时候肯定不写你的中文名字，那还不行啊。她说，写英文名字也不行，不过你如果真要把我放进去，用Amy这个名字吧。所以，列位看官，这个Amy是个马甲，好在读者不会在意具体叫什么，我们权叫她 Amy 吧。

Amy 是个消息灵通的人，经常有消息向老李和我发布，所以我们从她那里获得了很多有趣的信息。关于这次招聘会，我很疑惑地问她，你现在刚拿到奖学金，博士读完还至少 3 年呢，急什么呢？她好奇地看了我一眼，现在找到好工作也可以不读这个破博士啊，我就猛地恍然大悟，确实，这是外国啊，我怎么又把老家那里的思维带到这里来了，而且还紧紧地抱着不放呢。人生的目的不是读书，而是工作啊，能找到好的工作就没有必要再读什么书了，况且很多情况下，读书就是无奈之举，而不是兴趣驱动的。

下午的四点，Amy 下了课过来，邀请老李和我前往招聘会所在的礼堂，那个大的建筑是我经常路过却怯生生不敢进去的地方。其实，在国外进出建筑物并不需要有什么顾忌。我们进门的地方既没有保安在门口站岗，也不需要买票，穿过遇人即开的自动门就来到了礼堂的接待门厅，两边放着一些招聘单位的介绍，既有各个单位单独的，也有所有单位集中在一本上的。我还发现了一个小册子，上面是全澳大利亚各个院校的基本信息介绍，包括专业设置，还有一些类似于中国的大学就业办公室之类单位的信息，包括这些大学职能部门的各种联系方式，比如主页网址和电话等。

我和老李各自拿了一些和自己的专业方向有关的资料，就一起走进招聘会现场。进去才发现，里面不是太热闹，绝对赶不上我大学毕业时参加的那些招聘会，当年简直就是人山人海。这几年北京的招聘会我只去过一次，还是替我那硕士要毕业的表弟投送简历才去的，那场面真是可怕，简直就是在做挤压运动。要知道，我去的时候已经是下午，回家后从电视画面或者新闻图片上看关于招聘会的新闻，完全是水泄不通的场面。

我们在纽卡斯尔大学的招聘场子里转，颇有胜似闲庭信步的架势，好像是单位招不到人似的。其实，我的朋友老李到澳大利亚已经7年了，所以对此知道得很清楚，他告诉我，来招聘的这些单位很少有政府部门，大多数是私人企业，所以这些单位选择毕业生还是非常谨慎的，甚至可能为了一个合适的人选跑很多大学去选。

我先胡乱地转了一大圈，大致看了一下单位的名字和基本情况。大约有30家单位，各色各样，居然还真有一家政府部门，所需是海军的，招聘对象有电子、计算机专业的毕业生，估计是研究电子对抗技术。我自己是学管理的，和计算机还能沾些边，我就特意去凑了一下，但海军的那个漂亮姐姐也没有理我，我只好讪讪地走了。

除了这个政府部门，还有一个中学，其他的就多数是公司了。

有意思的是，几乎每个摊位前都放有糖，放在一个精致的小玻璃盘里。我不知道为什么糖成了大家共同的选择，莫非是因为它最便宜并且最方便？我看见Amy拿了几颗，老李也不甘寂寞，在不同摊位处找了几个好看的。而我因为牙不好，就没有去拿，和我平素喜欢占便宜的作风有点区别。

我们根据各自专业的特点在不同的摊位前拿了一些材料。和中国的一些产品展示会一样，每个单位在摊位上还准备一些别的好玩的东西，比如可以一捏到底的玩具球，还有下一年度的台历等。

我并没想找工作，毕竟，我个人的定位是在大学教书。老李却有点兴致勃勃，先和中学摊位的那个大妈谈了半天，看能不能去做个化学教师什么的，然后又在一个摆满了坏轴承的摊位前停住了。那公司就是做金属探伤的，而老李是学材料出身的，虽然现在主要研究陶瓷之类的非金属材料，但是总还是有些关系。看着他攀谈得比较热乎，我也有点动心。但是我看了一遍，要商学这一类和计算机的几乎没有，就那个海军的还能沾边，可是那姐姐又不理我，搞得我好不郁闷。

我就回转身找 Amy，却已经看不见她的影子了，也许看到没有合适的单位，已经回家了，我想。

我还是等到老李谈完，一起出来。他拿了好几个纸的或者塑料的袋子，里面除了材料还有一个看上去不错的水杯，让我很是羡慕，不知道老李从哪个摊位拿的。他看我手里的那个玩具软球，也很困惑，于是我们两个人相互遗憾没有看到对方看到的好东西，就边聊天边回办公室去了。

这时候，天已经黑了。

老郑这个人很是厚道，只是偶尔有点孩子天真似的狡黠，多次接触后，感觉更是如此。

身体不太强健的老郑头发有点花白了，不过尽管他已经50岁了，说话时还是朝气蓬勃的样子。

老郑兴趣比较广泛，对人生、体育、历史、饮食等话题都很有想法，谈起来滔滔不绝。我常看到他的妻子用不太温柔的手势喊“停”。这时的老郑就很狡黠地笑笑，随手把旁边的书或茶拿在手里。

老郑来澳大利亚之前是湖北一所大学物理系的教授，妻子来澳大利亚攻读博士学位时，他放弃了大学的教职来到这里陪读。他们唯一的女儿也很有出息，在芬兰的大学毕业后就留在了当地的一家著名电信公司工作，也算是有了属于自己的生活。

老郑的妻子在攻读完博士学位后顺利地在纽卡斯尔大学找到了一个讲师的职位，年收入4万多澳元。这些钱虽然不少，但去掉一些应该支付的费用，再加上月供买房子的费用，他们家还是很有压力的。而且，老郑没有稳定的收入来源，养家的重担基本落在了她的身上。

老郑到了澳大利亚以后一直处于失业的状态，他也多次尝试着去找工作，但是却只能找到些零星的活，多是去一些大学帮着讲师们做课件。不过教书的工作确实难找，在《大学讲师是怎么炼成的一文》中我也谈到了这一问题，经常是上百人竞争一个或两个职位，竞争简直可以用“惨烈”二字来形容。

尽管老郑希望找个正式的工作已经不太可能，但是他却非常喜欢澳大利亚，所以即使没有工作他也不想回国。倒是妻子觉得他这样下去总是没有稳定的工作，心理上有了不少压力，有时候就想和他一起回国，不过老郑的工作总是做不通。

一次和老郑的妻子聊天，她觉得老郑的年龄和技能，在澳大利亚找工作都没有优势。虽然他原来在国内是非常受人尊敬的教授，来到这里却没有谁愿意给他一个长久一点的合同，而且语言上的障碍也着实地让老郑费了些心思。其实，我在初步了解澳大利亚之后，倒没有觉得是否有工作会是个多大的问题，反正不是还有政府吗？因此我对她回国工作的想法持反对意见，就对她说，其实你在国内工作了那么久，也应该知道国内的情况，如果自己不希望陷入人际关系和恶劣环境的罗网里，还是在澳大利亚工作下去的好。有些人回国是确实在海外混不下去了，而且在国内能够呼风唤雨，这样的反差之下当然会有明确的选择了。不过对于你，毕竟不是这样的情况啊。

其实，在澳大利亚生活的中国人状态大多如此，包括我的房东老阚，这使我对生活在异国确实有了一些更深的感触。

妻子找到现在的这份工作以后，老郑就有了不少的闲暇时光。闲不住的老郑在房前屋后的500平方米的空地上种了很多菜，在国内经常吃的菜都可以在他家里的菜地找到，而且后来还小有了规模，自己家基本就不需要出去买菜去了。在访问的这半年里，我还多次享用过他们家出产的大萝卜。

在种菜的过程中，老郑慢慢地生出了一个愿望，要买一块属于自己的农场，上面可以种各种各样的花草，养些奶牛肉牛，既可有鲜牛奶饮用，也可卖牛肉赚回一些钱，如果再养几匹马，那就可以驰骋在自己的农庄里了。有了这么一个美景如画的农场，一来可悦己，二来还可增收，应该是一举多得的好事。

老郑越想越激动，就控制不住喜悦地告诉了妻子。妻子一脸不屑地问："你用什么来买农场？咱家的房子还没有买下来呢，而且你用什么来管理农场？原来又没有干过，怎么可能成功呢？"妻子的不理解让老郑的热情一下子沉到了谷底。

在大部分的家庭收入来源于妻子的情况下，老郑也没有想出好的方法。这种愿望折磨着老郑，若不能实现，还是心有不甘。他也曾经想看看贷款买农场的可能性，也许解决方法是有的，但还需要些时间和机会。

就在老郑忙着计划买农场的日子，他原来工作过的一所大学又邀请他去做一段时间的临时性工作，老郑非常积极地忙着准备。因为学校在昆士兰州，还需要开车前往，几乎需要一整天的工夫，这对于不再年轻的老郑也是一个挑战。不过还好，他原来已经去过多次了，所以这次也是顺利到达，一忙活起来，老郑就暂时把买农场的事放在一边了。

但是我想，拥有一大片草地肯定还是老郑挥之不去的梦想，有时候我会怀疑他是不是把热爱草地和热爱生活颠倒了。不过，后来等我仔细再想老郑的一切的时候，发现他不仅热爱草地，而且同样地热爱生活。

一、在澳大利亚第二次理发

十二月的这个周五是澳大利亚和新西兰的兵团节（相当于我国的建军节）。我从办公室回到住处时已经是深夜12点了，却非常意外地发现老阙的妻子在打扫卫生。我抓紧把自己希望在澳大利亚多逗留几天的事情告诉了她，问了问她家还有没有房子可供出租给我，在得到了肯定的回答后，我顿时放下心来。因为这样，就只剩下去悉尼延长签证一件事情需要做了。

她不经意地看了一下我的头发，说了件令我高兴的事情："明天我给你理发吧。"我头发长得正难受呢，原准备让老马下周给我理发，没想到周末就可以解决头发的问题，这让我喜不自禁。

早上10点我下去问了一句："需不需要我先把头发洗一下？"老阙的妻子正在做早饭，说不用不用，然后就热情地请我一起吃早饭。她刚从一个朋友家学了新手艺，做的是油饼，这可是我自从到了澳大利亚后就没有吃过的东西，于是我接受了邀请，老阙的妻子还让我带些回去。女房东手还是很巧的，作为湖南人，对于面食原来基本是一窍不通，而我吃的油饼则很有北方人做面食的水准了。

她嘱托我别洗头，是因为她觉得毕竟自己是业余水平，头发湿的情况下理就无法保障干了以后的发型。

家里的理发工具很全，专业的剪刀、电动理发推子，用于扫头发茬的东西等。

我围上理发专用围巾就开始理发了。老阙的妻子边聊边理，速度很快，原来她练这功夫已经有一段时间了，到了澳大利亚后，在养老院工作的经历也使她多次观摩了养老院请的理发师的示范。外面请理发师给那些老年人理发，有时候需要助手托起他们的头，这样的形式就更加有助于她学习。除了理论学习和实践观摩外，她已经反复在丈夫和儿子头上练习了多年，技术已经颇为娴熟。稍微有点遗憾的是，由于我的头发是干的，有时候梳子梳到头发不太顺溜的地方，略微觉得有点疼。

二、一个激动人心的夜晚

周六的晚上，我从办公室回到住处时又是夜里 12 点了，刚要睡觉，老阙的妻子匆匆地从楼下过来进入我的房间。

老阙的妻子手里拿了几页纸，着急地解释到，有件急事需要我帮忙。

我顿时一惊，有什么大事需要这么晚还等着我来处理？

经过她的解释，我更加吃惊了，原来她不经意间接了个很棘手的活。她一个朋友的女儿正在悉尼一所大学上一年级，读的是数学教育专业，现在正在上的课有立体解析几何，上周老师布置了不少作业，需要在周一上午交上。要知道，平时澳大利亚大学生的作业可能会占最后考试成绩的 70% 以上，所以必须予以高度重视，而抄作业的惩罚是判为零分。但是不会做怎么办呢？很多情况是干脆不做了，而有些情况则是找人帮忙。因为老阙是物理学的博士和 IT 硕士，又当过老师，老阙妻子也觉得解决这点问题对于老公来说是小菜一碟，未经老公同意，擅自决定把这活接下来。

她哪里会想到10多年没有思考过立体解析几何问题的老公对此事头疼不已。我看到了一页她老公用于推导第一题第四小题的草稿，从我这个数学系科班出身的人的角度看，整个推导过程实在乏善可陈。

可是，当我考虑这问题的时候，我发现我的头也立刻大了。作为中国的名牌大学数学系毕业的学生，连这么个问题都不能帮别人解决，面子又将何在？我的头上立刻渗出汗来，说："我实在记不得那些公式了，你有她的课本什么的吗？我好参考一下。"

老阙妻子说没有，可是倒有她老公当年来这里留学使用的中文版的数学手册，不知道是否有用？我赶紧让她去拿。

趁此机会，我又抓紧时间耐心地看这些题目。发现第一题是个向量间关系的题目，第一小题到第三小题都是那种直接带入公式就可以得到答案的。

我又揣摩了一下，觉得还是应该从几个基本的向量关系公式出发。有了几个基本的公式，然后再转换一下，应该还是可以做的。心里稍微稳定下来的时候，老阙妻子已经拿着数学手册过来，我开始有条不紊地看了看，缓慢地活动了一下手臂，开始用不同的公式去试着证明或求解。

推导了一阵子第二个证明题，不见效果，我的汗立刻下来了。我告诉她想单独呆会儿，她知趣地走了，我把几何学的所有知识全部念叨了一遍，终于看到了一线曙光，有一道题就在念叨中有了解题思路，我抓紧这一闪念，把它解决了，终于舒了第一口气。

老阙妻子再次上来的时候没有空着手，而是带了煎好的鸡蛋饼和一杯奶。我也把所有题目做完了，但此时已经是午夜 3 点了。我轻轻地舒了一口气，反而觉得有一种快感，解决几道题而带来的自信让我感到非常痛快。我告诉她，如果女孩不明白，可以当面讨论下，老阙妻子连连道谢。

三、做免费家教的感觉

第二天我还没有起床，女孩的妈妈带着她就已经到达了。老阙妻子叫醒了我，我抓紧洗脸刷牙后来到了需要辅导的小姑娘面前，我开始用英语和她进行了有点艰难的辅导对话。

我先让她看我的解题思路，看完了以后她茫然地看着我。我知道，她一道都没有看懂。于是，我就开始从第一道她不会做的题开始讲解，讲完一道，她就明白了。

大致讲完后，我让女孩再好好看看解题过程，看是否真的明白了，然后转头和她妈妈聊了一会。她妈妈说，这个孩子拿到了政府的偏远地区教育奖学金，不过未来必须去内陆的偏远地方去教中学生数学课。这样，女儿就有了一个让人放心的未来。

我只在攻读硕士学位的时候做过一次家教，那是一个朋友的亲戚的同事需要给儿子找个家教，找到了我，我当时也正闲着，所以就答应了下来。后来的合作还算愉快，每小时 8 元的薪水，拿到之后还是有一点小小的快乐的。在攻读硕士学位期间，一个月只有160元的助学金，所以这几十元还是非常重要的。

当然，这次在澳大利亚的家教免费，老阙妻子对我的努力再次表示了谢意。

细雨，悉尼歌剧院，三十八元，贝多芬第五协奏曲

当指挥从乐池旁边的小黑屋走出来的时候，掌声推向高潮。

我想，满布悉尼街头的他的照片还是回避了那最富特征的部分——肚子，着重突出了风度翩翩的白发和白胡子。当然，还有那双激情四射的用于指挥的手，同时，广告牌上还显著地印有《悉尼先驱晨报》对他的评论：“A conductor of therarest distinction（具有最高声望的指挥）”。

这是5月1日的中午一点半，悉尼歌剧院音乐厅。主题：赞美贝多芬的天才；演奏曲目：贝多芬第五钢琴协奏曲（Concerto）皇帝和贝多芬第五交响乐（Symphony V）；指挥：Gian luigi Gelmetti；钢琴：Gerhard Oppitz；乐队：Eletrolux。

一、交响乐，指挥的盛宴

这是我第二次到剧院听交响乐了，第一次是在北京的天桥剧院。那次在天桥剧院演出的乐团是中央芭蕾乐团，指挥则是个皮肤白皙而瘦小的年轻小个子。因为我的座位比较靠前，对他的燕尾服后摆的印象非常深刻：伴随着他那过于单薄的身体的摇动，燕尾服后摆把这幅度不大的摇动更加夸张了些。

在天桥剧院的音乐会上，随着音乐逐渐迈向一波一波的高潮，指挥的激情也获得了充分地发挥，他的形象在我的眼光中逐渐变得厚重了。

我的朋友春光在给已经抵达澳大利亚的我的第一封信中曾问到，当你第一眼看到悉尼歌剧院的时候，是否有一种类似于去美国的人看

到自由女神像般的有冲动呢?

看到他的问题后我认真想了想，觉得也许没有那种难以抑制的冲动。

第一次看到悉尼歌剧院是在我从悉尼机场到纽卡斯尔的路上。当时司机提醒我。随着车子的转向，那壮美的建筑进入了我的视线，我还用结结巴巴的英语说，我在电视里看到它多次了。而现在，我终于在这伟大建筑的里面了。

“Tonight，tonight，tonight，……”，指挥的开场白和平日一样，所以他有意识地重复“今夜”这个词以引起大家的一阵笑声。随后他解释到，因为几乎没有在中午指挥过音乐会，所以开口就说“今夜”。当然，这样的错误是可以为大家所理解的。他接着说到，在正式演出之前，他希望介绍一位青年指挥家为大家指挥。说到此，乐池旁边的小黑屋走出一位高大威武的年轻人，惯例的掌声之后，是大腕对小腕的热情洋溢的介绍。然后，大腕坐到了钢琴边的琴凳上，双手直立向下支在琴凳上，微笑昂首注目青年指挥家，时微颌之。想来这位年轻指挥的客串颇有大腕提携后辈之意了。他指挥的是一段二十几分钟的小型乐曲（Piece），这类乐曲的特点是短小精悍、一气呵成，中间没有间歇。我们也许熟悉很多这样的乐曲，如拉德斯基进行曲和春节序曲等。不过因为我的英语达不到很好的地步，对这段音乐也不熟悉，就无法写出这位青年指挥家指挥的这段小型乐曲的名字了。抱歉，看来我进入这个歌剧院的目的也许不是真的来欣赏音乐的。

青年指挥第一次退场后，按照惯例会邀请返场。关于返场的规矩我也是在天桥剧院了解到的。天桥那次的演出是一场钢琴协奏曲加一场交响乐，记得当时的钢琴家是位意大利人，给我印象很深刻的一点是乐团里最右边的大提琴手在钢琴家退场后，不断以手示意大家热烈鼓掌，最后那个人的返场次数达 3 次之多。今天，这个青年指挥只返场了一次就离开了舞台，我猜也许是因为客串的原因吧。此外，我又无聊地猜到，他下台后不知去了哪里，也许去了观众席听接下来的音乐会或者回家休息去了？直到又一阵热烈的掌声迎来了钢琴家。

指挥更加隆重地推出了同样白发白胡子的钢琴家 Gerhard，并友好地拍了拍他的肩膀，示意他坐到琴凳上。在钢琴协奏曲里，指挥之外就是钢琴家最为重要，他的地位要比乐团里的第一把小提琴手重要。

钢琴家和第一把小提琴手握手寒暄，又和第一把小提琴手旁边的漂亮女小提琴手握手后，特意再度向观众致意，之后转身端坐在琴凳上。他双手按在琴键上，目光则等待着指挥的示意。我知道，精彩的演出开始了。

关于指挥，我心中一直有一个难解的谜。那就是乐谱已经由作曲家写好，一次大型音乐会也会有总谱，所有的乐手完全可以按照自己的乐谱演奏，其节奏、高低应该是已经设定了的，那么这个指挥的作用不就是在音乐会开始时示意一下吗？也许，他也参与了总谱的设计？包括何时什么乐器应该用怎样的形式加入，这种困惑直到我参加了这第二次的音乐会后才算有了部分答案。

其实，坊间也不断有关于指挥无用的笑谈。有这么一个例子，一位指挥不断地示意交响乐团其中一个区的乐手，让他们奏得轻些，再轻些，最后那些乐手终于用一种方式满足了指挥的要求，那就是，指挥向他们示意时只做演奏状，而乐器不出任何声音。此外，还有一个有趣的事情，一位小提琴手一贯喜欢闭着眼睛演奏，后来他终于想看看指挥的动作，结果睁开眼睛时却发现指挥也是在闭着眼睛指挥呢，于是他就心安理得的闭上了眼睛，按照自己的节奏继续演奏。

著名的先天性愚型儿舟舟不断地在海外指挥一些重要的音乐会进一步加深了我的这种印象。当然，他本身能做指挥也是很不容易的，毕竟他的动作至少应该丝毫不差才行。但是，比他可以做到更加丝毫不差的应该是机器人。如是想来，他的指挥更接近于一个程序早就设计好的机器人而不是真正的指挥吧。

相对于北京天桥剧院里小个子指挥的严肃、认真且有些拘谨，悉尼歌剧院的这位大指挥在整个演出期间表现是游刃有余的。他动作轻松柔软，风格挥洒自如，颇有举重若轻的感觉。对于他，也许指挥的激情逐渐被成熟取代，看着他以手为棒，轻松自如的指挥风格，我试图理解音乐中包含的智慧和快乐，而不只是心动和热血澎湃。

指挥不同风格的具体表现就是在这挥洒之间了吧。也许最可以说明我看过的这两场音乐会的指挥风格的不同，应该是两个人在乐章间的停顿造成的不适当掌声的处理上了吧。按规矩说，乐章间的停顿是不应该鼓掌的，虽然我也曾经在天桥剧院里随着大家一起拍掌。记得当时这在“不恰当的时候发出的不恰当的掌声”时，小个子指挥猛一转身，以手里的指挥棒示意大家禁声。我想，脸皮薄些的冒失观众会因为这严肃的动作而马上脸红的。我尽管属于脸皮厚的一类，但看到他的这个比掌声还突兀的动作，仍然大有羞愧之感。在悉尼歌剧院，当贝多芬第五钢琴协奏曲的第一第二乐章间的停顿出现时，观众席上的寂静立刻让我反思起天桥剧院不适当的掌声，而正当我要赞叹悉尼观众的素质确实高时，面向乐团的头等座位中开始传出一阵稀疏的掌声。1 秒钟后，这掌声还更加响亮了些，这时，指挥诙谐地做了个飞吻的动作。当然，是向着那些没有鼓掌的观众。于是，一阵笑声立刻压倒了那不恰当的掌声。我想，这个例子足以说明指挥风格了。

二、关于贝多芬第五钢琴协奏曲的诠释

有很多演出场次都特意把贝多芬第五钢琴协奏曲和贝多芬第五交响乐在一起演奏，这是非常合适的，因为它们同时具有贝多芬特有的刚毅品格。尽管人们在给音乐家排座次时习惯地按照巴赫、贝多芬、莫扎特顺序排列，而贝多芬自己也在听完巴赫后惊叹道：“这哪里是小河啊，简直是大海”（巴赫的名字 Bach 在德语里是小河的意思），作为自己对巴赫博大精深的音乐敬仰的表示，中国人还是知道贝多芬的多些。我也曾经追溯过可能的原因，也许是他的耳聋，我们太喜欢身残志坚这样的例子了；或者是他本身的叛逆精神，你看那以贝多芬为蓝本写成的《约翰·克利斯朵夫》就知道了。对于小说的男主人

公的傲然独立的音乐精神，中国的那句名言“虽千万人吾往矣”是最合适的了。如果我们真的理解了贝多芬的音乐，那么所以推崇他也许正是因为他音乐里的桀骜不驯的劲头，这是我臆测的又一个原因。除了以上，抑或还有以“致爱丽斯”为代表的他那痛苦曲折的爱情经历使得他在中国得以大名传诵？当然这最后一个原因完全属于胡思乱想了，因为几乎所有的著名音乐家都有一堆的绯闻。

说到这首降 E 大调第五钢琴协奏曲必须要提及维也纳，因为 1809 年的最初计划就是在维也纳上演，后来因为法国的“英雄”——拿破仑——的军队对维也纳实施了占领而停止。同时，维也纳人一直以拥有贝多芬为骄傲，尽管他并不是出生在这里。

这乐曲直到 1811 年才在莱比锡作首次公演，翌年就被认为是“所有已经创作出来的协奏曲中最富有创造力、最富有想象力、最惹人注目的，同时也是最艰深的一部。”

这里也顺便说一下什么是协奏曲。协奏曲是由一件独奏乐器或一组乐器在乐队伴奏下进行演奏的乐曲。我们中国人最熟悉的莫过于小提琴协奏曲梁祝和钢琴协奏曲黄河了。在西方古典音乐中，协奏曲通常由三个乐章组成，每个乐章之间有短暂的间歇，三个乐章的速度分别为快—慢—快。

而贝多芬的这首协奏曲的特色是：第一乐章以即兴性的钢琴引子作开端，第二第三乐章一气呵成，没有间断。

我想，正是因为主题的雍容华丽和热情奔放，所以被冠以“皇帝”的名字。就像我们买床时发现，国王级的床是最大的，然后是王后级的（看来国王和王后是不睡在一张床上的），再然后才是最普通的双人床，最小的当然是单人床了。而以皇帝为中心的体制应该比国王更加显示了高贵典雅，气质中则充满了美，充满了浪费（不好意思，引用席慕容这个我看不上的诗人的诗了）。第一主题后，乐队奏出活泼自信的第二主题，在重复之后，和钢琴一起进入第三主题。钢琴的演奏则把大气磅礴的呈示部的气氛转变为抒情特质，再度重复各主题之后，曲子转入活跃的展开部，展开部没有失去抒情的素质，因此显得秀丽而完美。

根据协奏曲的创作规律，第二乐章是稍快的柔板，一首抒情曲，比第一乐章简短得多。第二乐章的结尾，把第三乐章开头第一小节的旋律巧妙地用钢琴作小节轻柔的装饰演奏，不间断地带入第三乐章。

第三乐章的回旋曲是欢乐的、洒脱的，它把热情奔放和华丽温柔结合在一起。在乐章的末尾有十小节定音鼓和钢琴独奏的片段，然后，钢琴和乐队以雷霆万钧之势，把欢乐推向高潮结束全曲。

就我的浅见，大型音乐作品最后的结束曲往往喜欢选择这种轰鸣般的音调。几乎所有乐器都参与到这最后的高潮的演奏中，用最热烈的激情激荡观众的心灵，而那随后的雷鸣般的掌声就完全是自然的而不是礼貌的了，也许这是作曲家们的狡诘之处？

三、贝多芬第五交响乐以及贝多芬的音乐精神

贝多芬第五钢琴协奏曲之后除了掌声就是大家休息或者上厕所

了。因为交响乐是不需要钢琴的，钢琴就被撤到了小黑屋旁边一块空地上，弹钢琴的老头也去休息去了。在贝多芬第五交响乐演奏之前有15分钟时间，这样，音乐厅喧闹起来，乐手们开始吱吱哑哑地自己练着，让我很觉困惑。因为在天桥的那次大家练琴的声音更大，简直就是乱拉琴，我的耳鼓觉得受到极大的伤害。这究竟是为什么呢？这些曲子难道不是大家已经练得滚瓜烂熟了吗？怎么国内的、国外的乐团都是毫不例外地在休息间歇练琴呢？

我特意问了领位员，我可以在这里照像吗？被礼貌地拒绝，当后来贝多芬第五交响乐响起时我看到几个座位上的闪光灯在闪，气就不打一处来，还不如不问她而自行照相呢。

休息时间过了后，第一把小提琴站起来，用手中的小提琴向大家示意，然后自已先拉了一段旋律。这样，喧闹的练琴场面静下来，观众也自觉地停止了谈话和咳嗽。接着，掌声中，指挥再度出场。

在介绍贝多芬第五交响乐（Beethoven Symphony V）前，我想解释一下这乐曲的名字，为什么我不喜欢直接用命运交响曲来称呼它。

我一直同意这样一种观点，就是那种把作曲家的音乐按照自已的理解强加上一个主题往往会损害作品本身所具备的更加博大的音乐精神。附上一个名字，则音乐本身的内涵就要被这名字部分地破坏。贝多芬的那十部交响乐已经分别被附上了这样的名字，因此它所具备的音乐精神已经被消去大半了。当然，对于一些略通音乐或者喜欢附庸风雅的人来说，给它一个名字的确能够帮助这些家伙直接理解作品的内容。但是关键问题在于，不同的交响乐作品同样具备交响乐所具有的几个不同部分，为什么这段抒情乐曲被描述成田园风光，而那一段抒情乐段就非得被认为是在抒发爱的浪漫呢?

还是让听众自己去用心灵去体会吧，尤其是那些著名的经久不衰的名曲。在那些或优美或激情或痛苦的调子里，其中总会存在一段旋律毫不客气地击中你心里最脆弱的部分。

回到交响乐本身。一般地，一部交响乐由四个乐章组成，各乐章之间形成情绪和速度上的对比，一般结构为快—慢—舞曲节奏—快。脍炙人口的作品有贝多芬第五交响乐、德沃夏克第九交响乐（自新大陆）等。前者就是我这次在悉尼歌剧院听到的主要乐曲，而后者则是作曲家因美州大陆产生灵感而创作的，刘欢在为《北京人在纽约》作曲时主要参考了这部作品。严格地说，《千万次地问》就是从德沃夏克第九交响乐的一个乐段引申出来的，不信你可以去听一下。正如戛纳电影节中获奖的电影或者电影中的那些纯艺术类的（如黑泽明的电影），也许它们不能比好莱坞的电影卖得好，但是其中的电影拍摄手法或者电影思想必然会出现在那些大片中，正是所谓的“在科学和艺术领域，原创的东西才能永久”。还有一个例子是关于我的阅读爱好之一，侦探小说。爱伦·坡的 5 篇短篇小说创造了 5 种不同的探案模式，而他之后的所有探案小说，包括我最喜欢的阿加莎·克里斯蒂的超过 50 部的小说没有一部能够摆脱这 5 种模式的，更别说《福尔摩斯探案集》这样的作品了。什么是天才？爱伦·坡、贝多芬这样的人就是。他们作品留下的阴影使得你根本无法躲开。

贝多芬的这首C小调第五交响曲创作于1804—1808年（中间曾中断，创作了第四交响曲），1808年12月22日在维也纳剧院首次公演，这是一部充满活力，又热望未来的作品。

在二十世纪的七八十年代，我国在提起交响乐这一概念时首先想到的就是贝多芬第五交响曲。就如同《天鹅湖》在六七十年代能代表芭蕾舞一样，这首乐曲的名字和最初那极似敲门声的快板让人们认识到“人要有与命运抗争的精神。”全曲分四个乐章。

（1）朝气蓬勃的快板，其中的格言主题，就是“命运的敲门”，命运与凶兆始终在激烈地搏斗。

（2）行板，是贝多芬对命运的沉思，是双主题的一连串变奏。其中第一主题由大提琴和中提琴表达那种平静的温柔，第二主题接近于英雄的进行曲与颂歌。

在第一主题，我注意到，随着小提琴的缓慢而低声的倾诉，九把大提琴的弓总是在每个小节的最后蹭一下琴弦，加重低音部分，使得整个音乐的表现更加低沉。我当时还特意留意了一下四周，倒是没有发现有人昏昏欲睡。沉思是听众指南上的话，我听到这段乐曲的时候直接的感觉是蛰伏，那蛰伏中包含了痛苦。

（3）快板，谐谑曲，两种对立的冲突重新展开，这是英雄与命运的最后搏斗。这个乐章的结尾，整个乐队似乎精疲力尽地倒在一个不稳定的长音上，鼓声在激动不安的背景上就像心脏的缓慢跳动，而弦乐则像微弱的呼吸，随着不安定气氛的渐强使你感觉有太阳在准备着冲破乌云。突然，乐队一下子鼓起精神，就昂首阔步地迈进了末乐章。

（4）快板，出现众多主题的强大的威力在辉煌灿烂中持续长达几十小节，结尾是欢乐而辉煌的一片光明。

那个曾经在世界上大名鼎鼎的理查德·克莱德曼先生曾经把这个贝多芬第五交响曲的第一乐章变成了一段几分钟的钢琴曲，而我则被他的这段钢琴曲蒙蔽了很多年，以为那就是贝多芬。后来虽然知道那不是贝多芬，但是谁会有时间在家里连续听 1 个小时的交响乐呢，甚至连维也纳的新年音乐会也不会只演出一支这样的曲子，而是一堆的大杂烩的小型乐曲，特别是拉德斯基进行曲以及一些圆舞曲。所以就这样一直被蒙蔽着，自己也不愿意去改变这状况。直到今天，直到我因为景仰而买票，坐在这辉煌的歌剧院音乐厅里，才对贝多芬的音乐感觉产生了云开日出的感觉。

需要说明的是，并不是所有的协奏曲、交响乐结构都一样。比如著名的小提琴协奏曲梁祝是不分乐章的，贝多芬第五交响乐的三四乐章之间没有间歇。

我肯定也是在满腹激情下结束这场音乐会的，那心情随着大家的热烈的掌声而更加澎湃激昂。

接下来就是指挥的退场。掌声一阵阵推向更加热烈，于是指挥再度出场接受大家的欢呼，从我座位的角度看，其实那老家伙就埋伏在小黑屋的门口，那张白白的脸清晰显现。我心里还说呢，这音乐会的形式确实显得做作，不如摇滚音乐会，大家都在宣泄。交响音乐会则必然地需要一个仪式，尽管这指挥并没有身着燕尾服，只在上身穿了一件黑色的衬衫，好在他还没有穿牛仔裤。他从埋伏的门口走到乐池中央继续向四面的观众致意，然后重新走进小黑屋的门口，然后是又一波更加热烈的掌声，这样，他再度出现在指挥席，向观众继续致意。

最后是指挥一个区一个区地介绍乐手，随之而起的是观众席上的一波一波的掌声，不来不知道，这真是一次听觉的盛宴啊？

四、细雨，急速落下，我买到了音乐会的最后一张票

我最初是想把这一段文字放在最前面，因为从时间上它是在先的，可是因为怕影响对音乐会本身的介绍，就将这段放到了最后。

这是个空气清新的上午，湿气氤氲着，而到了中午时分，细雨骤降，海湾湿润的气息更加浓重。我知道，这必定会是一个让我难忘的中午。

从唐人街坐城市铁路过来，临到海湾时，地下铁路变成了地上铁路，应该是海湾附近地下容易直接挖到海水的原因吧，所以只好从地下露出头来。出站后我缓缓向歌剧院走去，路过海湾时能非常清晰地看到傍边的海湾大桥，一个总是和歌剧院同时出现在景点介绍图片上的另一著名建筑。我在想，我该如何面对马上就要看到的歌剧院呢？

潮湿的空气渐渐地让我生出了淡淡的惆怅，见到别人照相，自己也跟着选了些地方拜托别人帮着照了一些，就这样，由远及近，来到歌剧院的下面。

令我失望的是，虽然我去的时间是 10 点左右，没有任何演出，但是剧院却不允许参观者自行前往音乐厅或者歌剧院参观。上楼梯的地方拦了一条绳子，然后在售票处附近的各类介绍材料的免费领取处立了块纸牌，上面注明了领大家逛歌剧院的价格是：成人 17 元一次。参观内容包括几个主要的演出场所，令我着实失望。毕竟，我是慕名前来的，如果不参观则怎样回国后向大家炫耀呢？如果参观，这价格太贵了些。尽管我看到不少人踊跃去交钱参加这样浮光略影般的游览。

怎么办？成为我的而不是车尔尼雪夫斯基的现实问题。

好在接下来我就意外地发现今天中午居然有一次特价场的交响乐演出，最好的座位是 58 元，而最差座位只有 38 元，而晚上的演出是 100 元的价位啊，我心中一懔，看来这是最好的一个选择了：既能看到音乐会，看到歌剧院最大的一个演出厅，又能听到世界著名乐团和指挥的演出，真是一举数得之事啊。

于是，我踱向售票窗口，说：“今天中午的音乐会”。售票员拿过一个打印的贴在一张硬纸片上的座次表，看来还没有电子定位系统，这还不如北京那个五星级的华星电影院呢。他告诉我：“现在只有一个位置的票了，你几乎别无选择”。我还故意地装出一副很是遗憾的样子说，也就是说，只有最差的座位了。那售票员遗憾地点头称是，而我心里则因为不得不省下钱来乐得不行了。这样，我别无选择地拿到了本次演出的最后一张票。

看着离开演还有 2 个多小时的时间，我出去找了家麦当劳吃了中餐，然后在附近闲逛起来。给我印象比较深的是海湾附近的污水井盖，上面全是艺术家、政治家的介绍，可以说每个井盖就是一个名人。后来在悉尼的海德公园，在奥林匹克公园，我看到了更多的这样的井盖，奥林匹克公园里宣扬的就是澳大利亚著名运动员的生平了。我想，这倒是一个好办法，每个井盖在一个区域宣传相关的有重大贡献的人物，也许我们中国也可以借鉴，说不定早借鉴了也未可知。

等到了演出前 20 分钟，我匆匆忙忙地来到歌剧院。当看到观众基本是鸡皮鹤发或者童颜黑发的老先生和老太太时，我心里还是咯噔了一下，也许严肃音乐到那里都这样，或者这个在悉尼不放假的国际劳动节，年轻一代都在上班呢？在我心里成为一个疑团。

当我细细寻找，居然没有发现有别的亚洲面孔，顿时有代表亚洲上场的自豪感。

再看售票处时，发现已经有滚动字幕在介绍，说票已经全部售完，现在只接受预先定位和电话定位观众的取票，这样那些排队的看来都是些取票的家伙了。

去音乐厅的路上还有个保安，看到有背包的就检查一下包里的东西。我也背了个包，特意在他眼前过，不过他却没有让我停下来检查，应该是认为绝对不会是恐怖分子吧，这让我还觉得有些怪异。

在音乐厅的外面则满是白发苍苍的等候这次听觉盛宴的人。有两个服务员在向大家兜售本次演出的程序单及演员名单，开始我还以为是免费送的呢，还好没有直接上去要，否则又是 5 块钱，要这个东西对于我意义并不大。我并不关心那些演员，指挥和钢琴家的名字则可以在免费的宣传单上知道，程序知道个大概就可以了，这也是我不知道那位小伙子指挥乐曲的名字的主要原因了。

一边还有出售咖啡或者葡萄酒的吧台，对此我也没有兴趣，就顺着阶梯向音乐厅的后部走，结果有意外发现。一位年轻女子正在背后的一个小型开放会议厅里介绍今天的乐曲呢，正介绍到交响乐这个部分。她的发音极其清楚，以至于我都能听懂一半，除了介绍作曲家的天才外，还介绍了曲子产生的历史背景以及一个趣事。比如，这伟大乐曲在当时只给作曲家带来了 500 块钱（当时的货币单位）的收入，哪里会想到有今天的辉煌啊。我大致看了看，听众仍然基本以白发为主，500 人左右。

五、我的重大发现

听音乐会期间，我还有些意外发现，说出来和大家分享。

（1）这次交响乐音乐会的排队顺序好像和上次在北京听的有些差别，主要的原因我猜测是因为悉尼歌剧院的音乐厅把演奏乐队放在中间，四周全部是观众席，而天桥剧院则是一般的舞台形式：乐团在舞台上，观众全部在舞台下方。

（2）关于翻乐谱的人。我注意到，第一把大提琴手是不去翻乐谱的，全部由旁边的漂亮女提琴手代劳；此外，后面一字排开的 9 个大提琴手面前共有 5 个乐谱，而每次翻乐谱都是由 5 个固定的人（由左到右分别是第 1、2、4、6、8 位大提琴手）完成。

（3）观众的服饰各式各样，但是基本没有盛装出席的。

（4）完全可以在悉尼歌剧院蹭听交响乐，不必交一分钱。在初次进入场地的时候是需要票的，但是中场休息后再度进入音乐厅则不再需要验票。而且这次尽管票务说已经完成了所有的售票，但是即使在最好的座位区也有几个空位，想来总有事先订票而临时有事不来的人吧。这样，完全可以在中场休息后随人流进入音乐厅，小心翼翼地找个没有人的地方坐下。只是不知道是否只有我才能想到这样的绝招，不过即使可以这样做，也只能是到下次访问悉尼的时候了。

（5）还有一些关于悉尼歌剧院音乐厅的分区座位设置等，请看我的另外一篇文章《悉尼歌剧院的建造与设计》。

澳大利亚对战争会产生很大的反应。

反战分子会在澳大利亚组织裸体女人，使其在一大片草地上摆成了 Peace（和平）这样的字来宣扬和平；甚至把几个大大的红字 NO WAR 涂到悉尼歌剧院的最尖端。他们是怎么写上去的呢？这个问题让我特别困惑，同时让我困惑的还有怎样刷洗歌剧院的外墙。

清洗外墙相对还简单些，毕竟歌剧院是有清洁人员的，肯定有固定的有效方法来做清洗，连玻璃的天花板都可以派机器人去清洗，更何况这样的建筑？我看到过一张报纸的头版，有几个穿着红衣服的人站在歌剧院顶端处，就在红色大字 NO WAR 的上方，大概正在考虑如何清洗呢。

到了悉尼歌剧院的时候我才发现，建筑设计者还是考虑到了人怎么上到最顶端这个问题，方案就是在贝壳的突起的棱上设置台阶，人可以直接踏着台阶上去。不过我去的时候有绳子拦着，肯定是不会让普通观众踏上阶梯的，那么那些反战分子是怎么上去的呢？看了看也没有几个警卫，也许就是偷着溜上去的。

据我的了解，悉尼歌剧院从招标到设计到完成，期间有很多有趣的故事，甚至差点让这个伟大建筑夭折。不过，矗立于悉尼湾畔三面环水的奔尼浪岛上的悉尼歌剧院已经在那里了，而且会继续在那里，这是澳大利亚的幸运，也是观众的幸运，天才的构思终于还是获得了全世界的关注。

严格来说悉尼歌剧院的建设从 1956 年就开始了。当时的澳大利亚总理凯西尔有个朋友担任乐团总指挥的，他建议由政府出资建一座歌剧院。招标的时候全世界都很热情，30 个国家送来了 200 多个方案，随后由美国一位建筑师带头组成一个评委会，进行评选。

这位美国人对十个候选方案均不满意，又从淘汰的方案中再次挑选，丹麦建筑师 Jorn · Uzon（约恩 · 乌松）的方案最后入选。这位美国评委认为此方案如能实现，该建筑必伟大不凡。当时这个方案只是一个示意草图，由于他本人的巨大影响力，评委会最后采纳了这个方案。

当方案实施时，人们却遇到了不可克服的困难。根据当时的估计，壳顶厚 10 厘米，底部厚 50 厘米，如此巨大的薄壳根本无法在现实中建造。Uzon 只好求助于英国工程师阿鲁普（就像费马大定理的证明者之一怀尔斯在遇到苦难的时候求助于他英国的朋友一样），后者对于歌剧院的建造起到了非常关键的作用。

但历时三年，多次试验均告失败，最后不得不放弃单纯的薄壳观念，而代之以预应力 Y 型、T 型钢筋混凝土肋骨拼接的三角瓣壳体(呵呵，多么拗口的话啊，它是我抄来的，希望这样说不至于让内行的设计师们笑话)。至此，壳体施工才得以顺利进行。但当工程进行到第九年时，凯西尔总理猝然去世，自由党上台，想以造价超过了预算的五倍为由拒付拖欠的设计费，而此时工程的主体结构已完成，实际上到了很难完全终止的地步。最后，政府组成了一个三人小组取代了 Uzon 负责工程的进度，这个伟大的梦想才算得以最终实现。这样，带有近似完美的帆状轮廓线的悉尼歌剧院才在空旷的海湾中得以显现。

整个工程从于1957年开始设计到1973年建成，历时17年，耗资5000万英镑。

几乎全世界人都熟悉的悉尼歌剧院，最夺目的地方就是外观，巨大的壳片分为三组，耸立在一个南北长186米、东西宽为97米、海拔19米的现浇钢筋混凝土结构的基座上。它面临大海，整体好象一艘乘风破浪的大船，人们细看时它又似群帆泊港，或如白鹤惊飞。这是很有象征意义的建筑。

现在给出几个从网站上抄来的无趣数字：悉尼歌剧院占地1.8公顷，最高处距海面60米，总建筑面积约88000平方米，包括一个可容纳2700人的音乐厅，一个1550座的歌剧院和一个420座的小剧场。除了这几个主要的厅之外，还有一些录音、酒吧、餐厅、供展览用的艺术画廊、一个电影院和一个图书馆，大小房间共900个，可同时可容6000多人在其中活动。实际上它不仅仅是一座歌剧院，还是一个可以满足多种需要的文化中心。

这些属于内部的一些东西了，我们更在意的还是它的外观。

悉尼歌剧院的薄壳一共可以分成两大组，每组四个，分别覆盖两个主要大厅。第一组壳片在地段西侧，四对壳片成串排列，三对朝北，一对朝南，内部是大音乐厅，也就是我曾经进入过聆听贝多芬第五的地方。第二组则在东侧，与第一组大致平行，形式相同而规模略小，内部是歌剧厅。另外有两个小壳置于小餐厅上，壳下掉挂钢桁架，桁架下是天花板。两组薄壳彼此对称互靠，外面贴乳白色的贴面砖。其他房间都巧妙地布置在基座内，整个建筑群的入口在南端，有宽 97 米的大台阶，车辆入口和停车场设在大台阶下面。

尽管它的外观如此夺目，但是有人认为内部音响效果有缺点，甚至有些音乐家感到痛苦不堪，认为音效差到极点，后台空间也小得不成样子。据说，歌剧院的内部最初计划采用丹麦人 Uzon 设计的方案，但有人认为他对音响不够了解，所以最后换了其他的方案。于是，欣赏 Uzon 的就认为，如果按照最初的设计，歌剧院的音响效果就是完美的。

我认为剧场内部也有不理想的地方，比如乐队的演奏席有点狭小，但是不太严重。对内部设计有意见的人觉得台上演出的演员只要一不小心，就会从尺寸未达标准的舞台上掉下来，我认为这太夸张了，至少在我看的这场演出中，并没有觉得乐手们上下台阶有问题。我还听到了危言耸听的言论，拉福认为，如果悉尼歌剧院的经营者再不思改进，这座曾号称全球建筑技术尖端的产物马上就要变成博物馆，更别谈音乐会或剧场演出。

在悉尼歌剧院的主要入口处有一个非常有意思的东西。这是个由四幅画面组成的铜雕，高 1 米，其中第一幅图说明了整个悉尼歌剧院的设计过程和设计思想，当时设计师们为了这个构图，一共花去三年时间。

剩下的三幅则用了立体图来介绍悉尼歌剧院的整个建造过程。第二张是在球面上挖去了四个三角形以后的形状，是最初粗略的设计思想的几何再现；第三幅则是根据歌剧院的需要从球面上挖出深浅不一的四个三角帆形状后的轮廓；最后第四幅图则是把挖掉的那四个三角帆形状放置在一个平面上，看上去就很象现在的悉尼歌剧院了。看到这几幅图，我感觉科学技术和艺术的结合简直是太神奇了。

我从未想到悉尼歌剧院的设计居然有这么深的几何背景，曾一直以为就是艺术家从贝壳那里获得了启示，然后凭空画出现在的实际外观。

看来大谬不然，这促使我思考起悉尼歌剧院的最重要的东西来，它究竟是艺术的，还是科学的？

仔细思考之下，我感觉，悉尼歌剧院的天才设计不只是艺术的，更是科学的。从它的几何构图的最初设计思想，到薄壳的应力计算，再到工程的实施和完工，每一步都浸透了科学家和工程师们的奇思妙想，这一点是艺术所无法完成的，只有科学和技术才可能把一个看上去完美的东西展现在人们面前。

我曾看到过一些记者的报道，说原来设计悉尼歌剧院的那个公司曾经跑到了北京，去竞标2008年的奥林匹克体育场相关建筑。当年伟大的悉尼歌剧院的设计思想曾经在法国一个港口城市的项目中被淘汰，他们如果回忆起这段经历则很难释怀，因为不同的艺术主张确实是很难把握的。在这个时间你认为是没有价值的东西，换一个时间可能就是非常天才的设计；而在这个地方可能觉得不合适的设计，换个地方则可能会成为标志性建筑。非唯悉尼歌剧院如此，有些很有争议的建筑也是如此。

奥林匹克公园的花头

在悉尼的奥林匹克公园，设计者搞了很多花头，以至于我对这些花头的印象深刻，印象之深远超对那些雄伟壮观的体育比赛场馆。

这是从黄金海岸返回悉尼的第二天，我原本可以早早回到 Newcastle，但我选择了游玩奥林匹克公园。那一天是我最累的一天，走遍了广阔的主场馆地区。

花头一　柱子上的名字

在柱子的丛林里，我使劲地寻找邓亚萍的名字。

在出了奥运公园地铁站之后，我看到主体育场外的广场立着许多柱子，颜色各有不同，而且全部密密麻麻地排列着，远看颇有些气势。近看时，我发现多数柱子上有名牌，是按照字母顺序排列的。我想肯定是参加比赛的各国运动员的名字，作为永久的纪念，这的确是一件很好的事情，也许金牌运动员和别的柱子不同，或者柱子本身更粗或者位置更好，总应该有所区别。

可是我找遍了大部分的柱子，却没有找到我最熟悉的那些获得奖牌的人的名字，我特别不甘心。并且我找看不到柱子的说明，这让人困惑。后来，我转移目光，发现了端倪，原来这些柱子是按照地势安排的，在高地上的矮些，而且那些最矮的柱子居然在马路的对面，这就是我没有看到说明的原由了，我抓紧过去找到了最开始的说明，阅读之后发现，这些名牌柱上的名字并不是那些大名鼎鼎的运动员，而只是那些志愿者的名字。

这下我恍然大悟。也许那些运动员的名字会在任何地方被找到，但这个舞台确实还有一些志愿者，他们不可缺少却默默无闻，这样的一个安排或许可以抚慰他们。

可是，我为什么一定会想到是那些运动员呢？也许心里一直觉得只有他们才和奥运会有关系，想到这里，心里有些羞愧。这些有名牌的样子让我觉得温暖，我想那些为它工作过的志愿者们每每想及此，也会有同样的感觉。

实际上，在来澳大利亚之前，我初中时代的母校邮寄给我一份用特别薄的红纸印刷的校庆通知。通知说，将根据不同的校庆捐款数额在纪念碑上的不同位置刻下各自的名字。我轻轻地笑了一下，根据自己的情况，羞涩地捐赠了所需要的最小数额的钱，然后就想到了纪念鲁迅先生的那首诗，2004 年去世的臧克家先生的《有的人》。虽然如此，刻碑纪念也不只是我们中国才采用的纪念手段，但我对刻碑的看法倒没有臧先生那么感性。其实有时候，刻碑不见得可以永远铭记谁，但是确实让人想起来的时候感觉很温暖，就像我在奥运公园见到的这个名牌柱一样。

花头二　不停息的比赛录像

在那些有志愿者名字的柱子中间，有一个很像大锅盖似的东西。我走近一看，锅盖内侧有六个液晶显示屏，正放着奥运会的比赛画面呢。当然，每个画面都不一样，因为中国在奥运会上获得了大丰收，所以画面里不断地出现中国运动员的英姿，让我颇觉自豪。

后来发现，不仅仅在主体育场外的这些柱子群里有各式各样的显示屏，在整个奥林匹克公园的不同位置都可能会看到这样的显示屏，上面播放着当时比赛的场景。

在游泳馆的外面，我还看到一个特别大的显示屏，从100米开外也可以清楚地看到其中的动态画面。它和主体育场那边的一样，也是播的当年的比赛场面。

花头三　用下水道盖子纪念他

在悉尼歌剧院附近闲逛的时候，我就看到了一些污水或者电力井盖上面全是艺术家、政治家的简要介绍。这种宣传也算是很有创意的了，和我们把纪念对象放在高高的位置这个思路截然相反。南北两个国家纪念人的方式有点相映成趣。

在奥林匹克公园里，我发现了更多这样的井盖。不过与悉尼歌剧院和海德公园不同，奥林匹克公园的井盖宣传的是澳大利亚著名运动员。这倒是一个好办法，每一个区域的井盖宣传了著名运动员重大贡献。

我回到北京以后还特别注意了一下北京的井盖，发现也是丰富多彩的。不过多数直接在井盖上写着它的用途，如写上“污”表示污水，“电”表示电力线路从下面经过，还有一些光缆线路等分别有自己的标识。

花头四　饮水机的秘密按钮

我们经常抱怨自来水是不能直接用来饮用的，并且在外面游玩的时候，还要为了饮水的问题发愁。背水虽然可以降低成本，但是会让人感觉非常累。

那时候我盼望可以随时随地地喝到水。我心想，如果自来水可以直接饮用该多好啊。听说开亚运会的时候，为了照顾来自各个国家的人的需要，亚运村的自来水就是经过净化的，可以直接饮用，这让我羡慕不已。

后来我在香港访问，看到街头巷尾的饮水机的水管可以流出自来水，只需按一下藏在某处的按钮即可。虽然我知道自来水不能直接饮用，但刚开始使用这个功能的时候还是把我乐坏了。

在澳大利亚，这样的饮水机也到处都是，而且还实现了个性化，有的按钮就在接近出水口的地方，有的则在脚下。

下篇

悉尼：城市外在还是城市精神

攻读硕士学位期间，我的同学老枪曾经友情赠送我一本书——季羡林先生的《留德十年》。书里一方面是对自己多年前在德国生活的记述，再有就是再访德国的感受。书里流露的沧桑感让我知道到底什么样的心态应该称之为“老”了，我当时的女朋友、后来的夫人也说，年轻人写回忆肯定不会是这样的。

他的回忆更多是对生活的街巷、当年的老房东、老朋友等的回忆，真正是所谓的琐忆了。

但是，我不能断定，在这本书里作者究竟有没有抓住当时当地的城市或者国家精神。这样不能确认，也许是我没有去过德国的缘故吧。

但是我还是希望能够抓住悉尼的城市精神，但是又没有把握，那么，就描述一下悉尼的精神吧。

一、怎样谈外国

对于一件事，我实在不知道应该怎么办。

从国外回到中国的人，大多会面临这样的困惑：如果找寻一切机会说“我在英国的时候”这样的话，那么，非但钱钟书先生在几十年前就会裂开他温和的大嘴笑话，也让没有出过国的人，甚至屡次出国的人笑话或者反感。

那么，用什么语气和态度来提起你访问过的国家才能让大家接受，我想了很久，却终于迷失了。也许，并不存在一个办法使你提起自己的见闻来让所有的人喜欢或者至少不讨厌。

最后，我想，也许你写这个城市，告诉别人你印象中的那个国家、那个城市灵魂深处的东西，可以打动他们吧？毕竟，静态的交流可以依靠读者的思考来弥补那些语言不足以穷尽的东西。

但是，浮光掠影地游历是容易的，而真正理解一个国家或者城市的精神则非常难。应该说，需要于其间生活很长时间才能领悟到真正的精神所在。如托尔斯泰（契诃夫?）说的“火车站可以让你观察到各式各样的人”的时代已经过去了，你需要多层次、多角度地感受一个城市才能发现一些让人惊喜和期待的东西。至少应该去赶赶公共汽车、买买菜、听听歌剧院的音乐会才能知道这个城市是以怎样的形式宣扬着自己的存在。对悉尼这个城市的精神进行描述对我也成了一个问题，如果必须写它，那么，是写歌剧院、奥林匹克公园、街道、难以记数的拥挤人流，还是它的高层建筑呢?

不要指望我在悉尼能干这么多的事，我根本没有机会在悉尼度过一个浪漫的“悠长假期”，因为访问澳大利亚的仅有的半年时间基本都消耗在离悉尼200千米外的纽卡斯尔了。

看到了悉尼，我觉得应该从中国香港开始讲起。对于这个被称为“东方之珠”的伟大城市，我自以为是了解了它的精神的，而对于悉尼，我只敢说见到了它的外在。有趣地是，在我的眼里，悉尼和中国香港的外在是如此一致，又让我怀疑自己也窥视到了悉尼的城市精神了。

我想从路口的红绿灯开始。

二、红绿灯的规则

从纽卡斯尔到悉尼，火车需要3小时左右的时间，一出中央车站就是地下道。穿过散布着几个流浪艺人的长长的地下通道，就来到了Capital广场旅馆所在的大街，在丁字路口等候绿灯的时候，我发现，这里的交通规则同中国香港十分相似。

首先，当然也是我早就知道的，和中国香港一样，澳大利亚也是左边行车，韩复榘担心的“左边谁走”的问题在这些地区是不存在的。

我还真的多余地担心过这样的问题，甚至还特别考虑了当英国车穿过英吉利海峡到达法国后是否需要改成右行这样的问题，这是逐渐一体化后的欧洲所遇到的问题。在我们中国，也存在挂广东和香港特区两地牌照的汽车如何在不同交通规则地区行车的问题。单纯的一边走还好说，两边都走，这交通事故率是否会很高呢？应该说，这纯粹是自作多情的担心，尽管我确实不知道究竟是怎么处理的。此外，我估计加拿大应该和美国一样是靠右的，否则这么长的边界线和如此经常的交流会带来很多问题。

好在澳大利亚和谁都不挨着，大家就老老实实在把路的右边给“空”着吧。

其次，是空间换时间的问题。

中国香港和悉尼的红绿灯控制逻辑是一样的。那就是，车左行、车右行、车前行、人前行这四种绿灯是相继进行，相互间完全分隔开的，在一种绿灯操作情况下肯定不能进行其他的放行操作。说得更清楚些，那就是，当人在人行绿灯亮的时候向前走，绝对不会有任何方向的车具备和人行路线发生交叉的可能性，其他情况也是一样。请不要忽视这种情况，它是很不一般的。因为我们在北京的街头行走，人行绿灯亮时，和你同侧的汽车右行是被允许的，而人车争道事实上经常发生。

我也曾经认真考虑过这个问题，这种做法不就是用空间换时间吗？也就是说，北京肯定应该争取到了更多的时间，因为平均等待时间缩短了，而悉尼和中国香港的情况则肯定会造成塞车，甚至会造成长时间塞车。

简单地说，如果出现两种绿灯并行的情况，如北京路口的人直行和车右行绿灯总是一个，这样的效率应该是比较高的，因为在人少乃至没有人走的时候车右行必然要节约等待时间，反之亦然；当然，安全性就会是一个问题，但由于此时的车速往往不会太快，出事的可能性从理论上说应该是很少的。即使存在人车争道的情况，也不至于出现太大问题，车可以等人走完后、红灯亮时再右行通过就是了。

实际情况却大相径庭，让我自以为准确的判断出现了问题。北京堵车的情况倒是总在发生，而且日渐严重；而在香港特区，尽管它没有北京这么宽的道路，尽管它有比北京还拥挤的人流，仍然做到了基本不塞车。悉尼则介于两者之间，塞车情况比北京轻些，比中国香港严重些。我在悉尼只见到过一次惊天大塞车，那是我 5 月 14 日赶飞机飞回上海的清晨，从纽卡斯尔到悉尼城的几百千米花了不到3小时，而在悉尼市区的3千米却花了更长的时间。司机抱怨说，这是他开车送人生涯十几年来塞车最严重的一天，当我到了机场，办完一切手续准备登机时，已经过了起飞时间了。

从中国香港和悉尼来看，这种“用时间换空间”（即随着车的平均等待时间增加，则等待的车辆会更多，然后继续延续塞车现象）的情况从实际操作层面上看倒是不多。这让我思考了很长时间，学运筹出身的我知道这必然地是一个优化问题，用数学模型完整地描述它没有任何问题。但理论上的优化怎么会在实际中出了问题呢？症结究竟在哪里呢？北京如果依样学样地尝试延长等待时间能对交通状况的改善有作用吗？关于这个问题，交通部门的专家们应该是考虑过的，只是我很困惑：为什么同样的问题香港和悉尼会好些呢？

然后是关于残疾人的问题。

北京已经修了很长的盲道，做得相当不错了，但是相比于中国香港和悉尼还有差距。在西方国家或地区，大部分公共措施都考虑到了不方便的残疾人，如中国香港的铁路或者地铁，必然存在一条路使残疾人做到无障碍通行。

在中国香港的十字路口，随着绿灯的亮起，会同时有“嘎嘎嘎”的声音响起，提醒盲人可以过马路了。不过悉尼的十字路口却没有这个设置，我只看见有人可以控制红绿灯转换按钮。我想它的作用应该是在晚上，当路人需要通过的时候按下它，同侧信号可以变成绿灯，然后人就可以安全地过马路了。我看到一个澳大利亚小伙子等得发急，不断地按下它，不过在白天，红绿灯自有自己的运行规则，怎么按这个按钮都是没有用的。

在城市公路的十字路口上还经常看得到这样的提示：Camera A-head，意思是前面有摄像镜头，大家别开快车。一般地，也会有一个最慢速度限制，一般是60千米，低于这个数字则要因为妨碍交通被罚款，和国内的高速路上的限速没有什么差别。但是悉尼却是实现不了这个速度的，因为在高峰期的时候开车甚至会比骑车还慢很多。在城市的一些学校附近或者学校里面，路上有时候会有鼓包（目的是让车减速慢行，以保安全），在这些鼓包的前方会有预告标志，如HUMP。

三、在政府部门办事

考察一个城市的效率，去政府部门办一次事就知道了。

这次在悉尼我去的是移民局，就是负责办理移民、签证事务的政府机关。因为我希望签证能获得延期的申请，再在这里呆几个月，所以事先在大学的时候就先问了个清楚，还主动通过邮政部门向移民局汇了60元的申请费，邮政服务部的人告诉我拿着汇款收据交给悉尼的移民局，就可以表示自己已经交过这笔钱了。

我先在周二的下午去移民局探了探路，拿上我在北京买的悉尼地图、我的护照和钱包等必备物品就出门了。可惜到达移民局的时候却发现门已经关了，原来今天虽然是周二，下午下班的时间却比平日早，我只好悻悻离开，准备着明天再来一趟。

第二天，我早早起来吃了饭就抓紧向着移民局走，到的时候却发现自己不是最先到达的。我递交上已经填好的申请表之后，负责接待的人给了我一个号，让我带着所有的材料到楼上去排队等待叫号。

到达楼上的时候，我发现在上面坐着等待的人还真不少。头上的电子显示屏不断出现着不同的号码，看到自己号码的人就匆匆赶去通知上说的具体的服务柜位，我看着我的号码，发现不需要等待太久的时间，就放心地坐下了。

大约10分钟后，轮到我了。我抓紧按照提示的方向走到一位女孩面前，递交上刚才在楼下取到的号码、申请材料、护照、存款证明及我的汇款收据之后，那个女孩问我为什么要继续留下来。我就说因为我希望能多在这里玩一阵子，原来只在大学待着，一直没有机会饱览贵国风光等原因。她边看我的材料边听我说，最后她说应该可以多留一阵子，然后交给我一个表格，说要去体检一下，在某某指定医院，需要再交一些费用，我高兴地答应了。可是，正在我准备拿走材料去找那个医院的时候，她突然看了一下我的护照封面，说你的是因公护照啊，我说对啊，有什么问题吗？她就告诉我她不太清楚这种情况应该怎么处理，因为因公护照还要牵扯到外交问题，她没有办过这类情况，就让我等她去请示领导。我就心里一凉：怎么会这样啊，我不过是想多待一个月而已，怎么就出来外交问题了。于是想起我开始在北京办护照的时候，负责人员就警告过我，因公身份在国外不能改为因私身份。我想着到时候肯定要回北京，我还有很多的事情要做呢，怎么会留在澳大利亚呢，就说没事，可是谁承想就这么寸呢。

过了大约 5 分钟，她回来了，告诉我说，因为因公护照的缘故，我必须先经过中国驻悉尼领事馆的许可，他们才能同意我的延期申请。因此，我要先去悉尼中国总领事馆获得许可再到这里来，她抱歉地看了看我，把所有的材料就又还给了我。

人家说的有理有据，我也就无话可说，就问了一句中国驻悉尼总领事馆在哪里，她更加热情地告诉了我电话和地址，之后我就离开了。

找到中国驻悉尼总领事馆的时候，我看见馆外已经站了十几个人在等着呢，不知道都有什么事情，门却是关着的，也看不到什么时间上班的提示。

我跟着大家一起等待，10 分钟后还是没有结果。这时候一个人看见在里面远远的墙面上有一张不太明显的打印纸。我是看不清楚的，眼睛不近视的人就将上面的内容读给大家听，原来是个放假告示，说从昨天就开始放假，一直放到 5 月 8 日。大家都很愤怒，因为这一天是 4 月 28 日，而昨天就开始放假了，这样一放十几天，中国人真要有什么重要的事情，那将多么的无助啊。想到这里，我咒骂了一句：“这可恶的、不合适的、不应该的、莫名其妙的假！澳大利亚人都在工作，在中国国内也同样是工作时间，真不知道他们放这个假有什么根据?”

我中午去了悉尼歌剧院，听了一场午场音乐会。幸运的是这个签证问题没有影响到我的情绪，我听得津津有味，事见《细雨，悉尼歌剧院，三十八元，贝多芬第五》。

第二天我又去了一下移民局。还是一样的手续，这次接待我的移民局官员是位中年男士，看上去是印度或者巴基斯坦血统。他问我理由的时候我就说是因为想要多游览一些地方，希望多留一个月左右。他还嘟囔了一句怎么中国人这么喜欢延期。不过我没有听太清楚，也就不好找他理论了。这个人比昨天那个熟悉程序，直接告诉我必须通过中国驻悉尼总领事馆同意，我抓紧时间告辞了。还好，这一次也没有要我的申请费，这一点还是让我满意的。

不管怎样，我对悉尼移民局的办事效率还算满意。第二天因为我没有太多安排，所以去得晚了点，排队的时间就相应的长了些。在这里，我看见有一对来自东欧的一家三口，小男孩老是坐不住。有一个也在等待的白人小姑娘来找他玩，两个人虽然没有语言交流，但是玩得很好，看上去小姑娘比小男孩大两岁，所以都是她主动来逗他，小男孩则一脸的好奇。过了一会儿，小姑娘可能累了，不想和他玩了的时候，他还迈着蹒跚的步子去主动找过她。

在移民局办公室的玻璃窗外，是中央车站的数十条铁线，远处大楼上则有荷兰的速递公司 TNT 的大广告标牌。

四、悉尼的网吧

我虽然听移民局的女官员讲了中国驻悉尼总领事馆的具体地点，

可是穿过地下道以后却迷失了方向。路上人烟也很稀少，弄得我找不到人问路，偶尔过来一个人，我还没有问清楚，他就走了。

找不到怎么办？我就在街上逛，路上看到了几个网吧，然后胡乱选了一家就进去了。这是一家韩国人开的网吧。我问了一下价格，是15分钟1澳元，我想15分钟应该可以找到自己想找的东西了，也就1澳元的事，还算可以，说不定还能查查自己的E－mail，看看有没有新的邮件呢。

上网的人还真不少，这是上午，正是上班的时候，我只看到有两三个空位。我交了10澳元押金之后，服务员给我分配了一个位子。我抓紧时间搜索出中国驻悉尼总领事馆的地址和相关电话，抄在纸上，又看了一些新闻网站，看了我几个邮箱的信，给爱人回了信，说明了这里的情况，就已经快到15分钟了，便抓紧时间结账。

这样，从悉尼整个城市规划的重要表现之一的红绿灯，到悉尼政府官员们的办事效率，再到街上随处可见的网吧，我觉得自己还是摸到了这个城市的一点脉动，觉得自己还是能够喜欢这座城市的。

我想，如果能够自由选择的话，在悉尼生活应该是很幸福的。

其实，澳大利亚的女人不怎么讲究穿着。我经常看到我们系里的秘书，二十四岁的DominicaO’Reily小姐穿着看上去很皱的衣服来上班。根据我的粗浅判断，也并不是布料样式如此。后来和同一办公室的老李谈到这个问题，老李自我感慨到，澳大利亚的女人很好养活，这让我觉得有点新鲜，不知其所以然，猜测也许和这里的福利制度好有关系。因为所有的人都没有衣食之忧，大家也很少攀比，那平时也就无所谓穿得多好了。

我平时见到的人并不多，在学校里还是学生多一些，青春气息远远盖过了不太华丽的衣饰。后来，穿梭在城市铁路间，见到了更多的澳大利亚女人，也就渐渐觉得老李说的是个正常现象了。

我能够穿梭在城市铁路间，是因为要去悉尼，而最方便的方法就是城市铁路。更好的是，到了悉尼之后，还可以顺利换乘城市内的有轨交通工具，如从地上的铁路到地下铁路，而后者在悉尼几乎是最重要的公共交通工具了。

纽卡斯尔到悉尼：青山映在水中的倒影

我是个没有钱的懒人，所以没有去过几个地方，甚至连我们中国很多该去的地方都没有去过，如九寨沟，海外的地方更是不可能去很多了。

知道九寨沟还是在大学的时候。有次学生会组织摄影展，有个学生自费去了九寨沟，拍回来几百张照片，所以这些照片就成为展览的主题之一。我恰好认识这个人，他拍回来的照片张张精品，于是就向往起九寨沟。但是，向往归向往，却一直没有机会去。

在从纽卡斯尔到悉尼的城市铁路上，我看到了很多这样的风光，可惜没有把它们拍下来，以至于现在只能用心去使劲回味那美景了。

我在去悉尼前还特意地研究了整个城市铁路的路线。发现在东海岸，尤其是新南威尔士州简直可以说是四通八达，乘坐它基本可以到达新南威尔士州的主要城市。这个铁路网络还和整个国家的铁路网络联系在一起，形成了城市内—城市间—各州间的多层次网络。

我在纽卡斯尔上车的时候是早上7点，“出名要趁早”，赶路更是一样的道理。火车站上当时还没有几个人，我到达的时候看见卖票的窗口关着，向里面看了一眼，才发现人在里面闲逛呢。于是我推门进去买了票。车票和公共汽车的票一样，都是带磁条的，单程价格好像是12.5澳元，当天往返则是18澳元。

进入车站也没有检票员，停在铁轨上的车厢不太多，大约是六节，都分上下两层。我进去的时候由于还有半个小时才发下一班车，所以车厢里也还没有人，我可以任意选择个位置坐下。

车开行的时候上来几个人，大家三三两两地找了空闲的座位坐下，一到点车就开动了。

开始的时候车还不断地停站，周围都还是城市的建筑和草地，城市看上去灰色建筑很多，显得有点慵懒，而草地因为是早晨的缘故，散发着湿漉漉的气味。

不久开始进入山区，四周的山在晨光中还有点未曾醒的样子，沉默地像个绿色巨人。当天完全放亮之后，一切都显得明澈起来，山的颜色也由深色变淡，就是青春的颜色了。那感觉不是在崇山峻岭间穿梭，而是在和青山对话，速度显得不像在城市和乡村的平原上那么快，好像是留恋这美好的在温暖怀抱里的感觉似的。

不一会儿，我的视觉就有点应接不暇了，太多美景了，就想着如果能够拍下来，那么无论哪个角度，都肯定是美的。

车一个转弯，在我还沉醉在青山中的时刻，又一阵惊喜冲击了我的心灵。山间出现了碧绿的水面，我本来以为这可能是湖水，突然就意识到这是海水了。肯定是存在一个通道，使海水可以进入山间的这些空隙，为寂寞的青山添加一些生气和清凉的感觉，青山映在水中的倒影是那么清晰，清晰得让人眩晕，让人无法真正分辨出哪是青山，哪是倒影。

于是我又想起了“太美了，请停一下吧”这样的话，有时候就是这样，即使知道这诱惑是致命的，但是你却无法抗拒它。

在绿水青山之间的路好像走了很久，我的心希望它能够永远地这样下去，不必停留。

悉尼：我迷路了

在悉尼，城市铁路和地下铁路是相连的，可以在一些枢纽车站换乘。在我准备去奥林匹克公园的路上，我没有弄明白买哪种票才能到达，只好去了人工售票的地方。售票的是位印度女人，很快就把票给我。其实，旁边的售票机标注的停站非常明显，因为没有把握，我还是选择了人工方式。

但是我却没有找到自己应该乘坐的车在哪一层，这让我急出了汗。地下一共有三层建筑结构，不同层的地铁通向不同的方向。我找了半天都没有发现自己坐的那一趟应该在哪里。我想抓紧时间问，可是居然一时找不到合适的城市铁路职员来问，其实自动化程度一高，使用的人工自然就尽量减少了，最后还是返回入口处找了个人，经他的指点才坐上了地铁。

这已经不是我第一次坐悉尼的地铁了。我是从黄金海岸回到悉尼之后才去的奥林匹克公园，在这之前，我已经乘坐过城市铁路了。不过那是去悉尼歌剧院，线路十分简单，所以我连问都没有问，自己在自动售票机上买到了票，就直奔那里去了。

去远郊的奥林匹克公园需要换乘两次车。我到了中央换乘车站之后，看着八条道路、八个站台，我又晕了，拼命地看城市铁路的地图，终于算明白了一点，还好没有坐错车。看着车过了一个又一个站，弄得我有点紧张，到了一站，我好像听到列车上的广播上说大家都下车，可是我记得应该跟着这车到终点然后下车换乘的，好像还没有到终点啊，想了想就自作聪明地留在了车上。车缓缓开动后越开越慢，我有点警觉起来。车停在一看就不是车站的地方的时候我才慌了，抓紧找列车员，走了好几个车厢才找到一个，他很惊讶地看着我，一定觉得奇怪，这小子怎么回事，居然没有下去？

他告诉我说 10 分钟后车才会再开回刚才的车站。我就只好等着了，因为从这里下去根本是不可能的事情。这里是车辆休息的地方，前不着村后不着店的，我唯一的选择就是等待 10 分钟。

回到原来的车站后我抓紧去了另外一条线路换乘，然后就到了下一站，也是换乘站。这次的等待更长，因为城市铁路去奥林匹克公园半小时才有一趟，而现在正是淡季，我只好等已经停在那里的车，希望到开车的时刻。

也就二三十个人坐，难怪半个小时才有一趟，我充分给予了理解。

Amy带来的

Amy是老李和我的朋友，是个中国女子。我在她那里知道了原来不了解的很多澳大利亚的事情，她作为研究生会在中央海岸分校的重要成员之一，还带我去研究生会吃了一顿饭，最后看了一场非常好的电影《我的盛大希腊婚礼》，令我兴奋不已。

认识她还是在系里的打印室，当时她在那里疯狂打印金庸的小说。我一看，同胞啊，抓紧打招呼，她也是个自来熟的人。

就这样认识了Amy，她是从武汉来的女子，原来一直在一家空调企业工作，后来嫁了个澳大利亚人，就来到了这里。后来她攻读了计算机系的硕士学位，接着又很幸运地申请到了国家奖学金，就继续在这个学校攻读博士学位。

Amy早就计划邀请她的父母来澳大利亚参加她的硕士毕业典礼，也就是学位授予仪式，邀请信还是她在我的计算机上打印的。我想她应该是想爸爸妈妈了，正好授予学位是个申请签证的好借口，就想着让他们来一趟，后来签证倒是下来了，却因为身体的原因而放弃了。

她那天要去拿她定好的学位服，以准备第二天的硕士学位授予仪式，邀请我也去。我去了之后，了解了一些关于学位服的事情。

授予学位的时候，如果学生希望正式一些，是需要租学位服的，价格是65澳元/天。就这样还需要提前预定，如果没有预约而在仪式举行的前一天去租衣服，可能会出现被租光的情况或者需要再缴纳30澳元才会作为紧急事件租给学生，如果归还超过了时间，则要每超过一天罚款30澳元。

Amy 抽烟，这是我在和她一起去参加新学期研究生会例会的时候知道的。因为澳大利亚不许在公共场合抽烟，所以我当时吃过饭，放盘子的时候发现却没有了 Amy 的影子，就四处寻找，发现她在玻璃窗外猛烈地晃动她的烟呢。这次例会有点意思，她邀请我去的时候我还有些不好意思。她说没有关系，因为研究生会邀请一个人的时候，可以允许带上自己的 Partner，就是伙伴的意思。我说："那我是你的伙伴吗?"她说，是啊，我说你是你就是，别人才管不着呢。这样，我就有点惴惴地跟着她参加了这个会。

说到 Partner，在澳大利亚也算是个经常用到的词了。情人可以是 Partner，朋友也可以是 Partner，还有在一起同居的人，没有或者也不想有夫妻关系，也叫 Partner。在我访问的这个系里就有一位老师和自己的 Partner 一起生活，都是 40 岁左右的人了，也不去说结婚的事情，就这样作为 Partner 一起过着共同的日子，看上去还挺美满的。

其实我这个 Partner 去那里并没有什么问题，倒是有签到簿，Amy 给我胡乱签了一个名字。我大概数了一下，到场的人并不多，也就 30 多个人，看起来有兴趣参加研究生会选举的人并不多。

首先是对去年的工作报告进行总结，我看了一下各类报告，还挺全面，财务报告则把花钱的金额精确到分。

开会的时候还有几个人站起来说自己希望为研究生会做点事情，然后发表了自己的竞选演说。有一个来自印度的小伙子站起来说得有点语无伦次，Amy 不屑地说："英文说成这样，也好意思出来竞选。"

在对各个候选人进行举手表决的时候，大家纷纷举手。我也就跟着举一举，有一次还举错了，Amy 第一时间把我的手拿下来，告诉我说：“人家在问有没有人有异议，你举什么呀?”弄得我很是不好意思。

晚饭是自助，不断地有厨师把饭端出来。有面包、熟土豆、汉堡、各类酱等，没有 Amy 最初告诉我的烧烤，我希望吃到的羊肉串也始终没有出现。

吃过饭之后就是看电影，起初我还以为会看不太明白呢，《我的盛大希腊婚礼》这部电影我就几乎没有障碍地听明白了。

看完电影 Amy 要坐巴士回家，我则去了办公室和我妻子打电话去了。

Amy 是个可爱的女人，和人交往的时候总是有热情，不停地给老李和我带来一些新消息，比如之前说到的招聘会。

Amy 很会说话，有一次我们系的秘书让我们猜她的年龄。外国的女人我看不出年龄来，一直觉得应该有三十多了，就猜了个“27”，她脸上尴尬了一下，然后 Amy 就说了个“23”，这让秘书非常高兴，实际上，她的年龄是 25 岁。

Amy 做事也很果断，做事也总有自己的主意，让人觉得她在哪里都是让父母亲放心的女儿。她原来也根本没有想到告诉我她嫁了个澳大利亚人做老公，后来还是我从其他渠道了解到的，问她的时候她有点诧异，不过既然知道了，我们在以后的日子里也就经常谈起她的这个外国老公。她说老公很温柔体贴，有两套房子，其中租出去一套，所以他们的日子过得很富足。他的老公有时候还特意请朋友们来吃Amy做的中国菜，“我稍微用点心就能让这些老外赞不绝口”。Amy骄傲地说，并有好几个因此想请她介绍中国女孩做老婆的人。

和Amy的交往让我对中国人在澳洲的生活又多了一些了解，毕竟我的知识范围内还很少有中外婚姻这样的模式，老觉得好像是小说里的情节，她的经历就把这样的事情一下子拉到我的现实生活里。

有不少人总是把自己估计得过高，比如我。一个从来没有写过游记的人拿起笔来就写《怎么写游记》这样的文章，还要大胆采用纪晓岚经常用的“逆挽法”，也不想想自己有人那两把刷子吗？

不过看着现在流行的一些游记实在生气，只好出马先痛斥几个写游记的作家，再推出自己的想法。

在写文章的具体内容前，请允许我从林黛玉那里先绕个弯。

一、“逆挽法”作诗

其实，不只和纪晓岚不同，我和林黛玉也是不一样的。

林黛玉自己就是个诗人，《葬花辞》不仅打动了红学家，也打动了我这个倾向于审视红楼梦的挑剔的人。当然，大诗人其实是曹雪芹了，但是他把《红楼梦》隆重推出之后，自己的面孔在进行马赛克似的模糊处理后就隐藏在书后了。

此外，和别人不同，曹雪芹把所有的才能都放置在这部书里了。他尝试了当时大部分可能的文学形式和创作手法，如各类不同体的诗、词、曲、赋，还有如《好了歌》这样的乡间俚语似的东西，都被他使用的出神入化。而《葬花辞》七言诗里突然冒出不规则的诗句却也让人觉得如此贴切（……愿依胁下生双翼，随花飞到天尽头。天尽头，何处有香丘？未若锦囊收艳骨，一杯净土掩风流。质本洁来还洁去，强于污淖陷渠沟……）。

在反复阅读红楼梦之后，我只能说，除了五体投地之外我实在想不出别的词语向曹雪芹致敬了。

林黛玉对于做诗是有自身的价值标准的，只爱陆游的香菱被她断然进行了批驳："你们因不知诗，所以见了这浅近的就爱，一入了这个格局，再学不出来的。"她的理由是这种对浅近诗的喜欢容易让人进入不了优雅诗人的行列，总想说大白话，以至于最后只能成为打油诗人了，换句话说，我看应该是"由深入浅易，由浅入深难"的意思了。名家高手玩小游戏时得心应手，反之则很难进步了。

纪晓岚也提供了类似的范例，大家耳熟能详的关于他的贺寿联"这个婆娘不是人，九天仙女下凡尘"就是这样的例子（当然，也有人说这不是他的作品，这里就姑妄认为是他的吧）。一般人是玩不了这种"逆挽法"作诗的，起得平平，却把惊人之句放在后面。应该说，没有很高的文化修养是作不出来的，前后尽管差别很大，但是仔细琢磨却仍然属于无缝连接。另据《纪晓岚全传》记载，在去福建做官的时期，他写过"一爬爬上最高楼，十二栏杆撞斗牛，纪昀不愿留名姓，恐压八闽十二州"，其创作的基本思路是一致的。

我的不同于林黛玉的原因是我本来就不是写游记的，但是第一篇关于游记的文章题目就敢是"怎样写游记"，这显然是希望采用"逆挽法"。但是自己实在是还没有至于真的到敢"逆挽"的地步，我只是偶尔在这里转一圈，写得即使不好也不会有人记得我，更不会有争议了，这里按照林黛玉较为不屑的手法，打油一把。

二、写游记的几个忌讳

尽管我从来没有写过游记，可是却有不少关于写游记的感受，就像有些文学评论家不写文学作品一样，大概实在是对当前的游记太失望，再加上自己看过的游记确实累积了一些知识的缘故，就大胆一次。

在我看来，写游记首先需要记住几个忌讳的事情。

游记作者对游记地点的描述应该基于自己对它稍长时间的了解，尽量避免浮光掠影。

写游记的目的是让别人了解你去的地方的情况，那么主要的内容就应该是那个地方的特色，特定景物及游玩过程的介绍。但是如果你跟着旅行团去，很容易慌里慌张地走遍一些推荐景点，写游记的时候就很容易浮光掠影地描绘一番，这是我最为不赞成的方式。我认为在一个地方至少要连续待半年，才能够领略此地的所有真正的特色，或者干脆将特色升格，称之为“精神”。但是目前的游记作者很少能这样，毕竟世界太大了，人不可能在某地长待，然后再换个地方也是长待，而本地人即使待很长时间却也不一定愿意写游记，于是形成一对矛盾。

三、怎样写游记

还是别管别人了吧，自己爱干点啥干点啥吧。

在各类创新活动频繁的今天，我也想首创一种系列游记的体例，那就是对一次游历多角度地展示旅游的过程，且各篇文章篇幅和写法区分开来，以避免读者对一种体例游记的倦怠。这也是我认为的第一要务，即游记写法必须创新，且应该保持对旅游过程的多角度展示。

然后，应该有能力在游记中展示智慧。

最后，游记需要琐碎的细节。

例如，我在写澳大利亚黄金海岸一行的游记中，是把这次游记分拆成以下几个部分写的。

（1）一路同行：主要写我的同行者百态。毕竟，一个拼凑的旅行团，其成员必然千奇百怪，很值得一写。

（2）司机说、导游说：写饶舌的司机和导游对沿途景色和城市的介绍和看法。

（3）华纳兄弟电影世界：一个以电影为主题的公园一天生活的主要内容。

（4）错过许多沿途的风景：因为是坐巴士出游，所以游客必然要观察沿途的风景，这篇主要描述一下澳大利亚东海岸的风光。当然，很累的时候就睡了，中间必然地错过了很多的青草地和蓝天风光。

（5）住旅馆与吃饭店：这些都是和旅游服务相关的，其实有些人是会很在意的，不过似乎除了景点的宣传材料，没有游记作家写这方面的内容，所以我希望详细介绍一下这些服务设施，以使大家真的从游记里了解旅游胜地服务的真实面貌。

（6）羊毛剪子在天堂农庄：澳大利亚是个羊背上的国家，不去剪羊毛似乎有点说不过去，这是关于农场为主题的公园游览过程描述。

（7）黄金海岸的浪花：主要描述澳大利亚最富盛名的黄金海岸的风光，主要以写景为主。

（8）Cruising on thesea：在游艇上看民俗特色的节目及吃自助餐的过程。

这样，我的游记就把去黄金海岸附近旅游的多个侧面一一介绍出来，希望这样的游记对各类读者都有参考价值。

我见过的澳大利亚中文报纸有十几种，报纸的内容包罗万象，除了那些房物租售、生意转让的广告外，还是有很多旅行团的广告。这些广告上同一个线路的出游价格也各有不同，要选择出游的话，大有选择的余地。由于我是在离悉尼有段距离的小城，小城的旅行社远远不如悉尼的多，尤其是华人办的旅行社就更是如此，所以只好通过电话和传真找了个悉尼出发到黄金海岸的旅行计划，按照很多人都会有的省钱为先的基本思路，我也选了一家价格最低的旅行社。

4 月 28 日到达悉尼之后，我给已经汇款过去的那家旅行社打电话，问怎样才能找到他们。接待员却告诉我不需要去找他们，直接在 5 月 2 日早晨去集合地点——悉尼娱乐中心（Sydney Entertainment Center）的麦当劳餐厅外面就可以了，到时候自然会有一辆大巴等我们。

我是个喜欢什么事都早做准备的人，就先去悉尼娱乐中心考察了一下，担心到时候找不到地点，还好中心就在我住的旅馆北面不远。到了 5 月 2 日的早上，我早早地起来解决了早餐，就到了约定地点。

出悉尼记

车还没有到的时候，有几个同去的人已经在麦当劳前面等待了。一问，他们和我都不是一个旅行社安排的。我明白了，肯定是拼凑的一个团，不同的公司把这一天报名旅游的人全部集中起来，雇佣一个司机就可以一车全去了。

司机开着一辆豪华大巴终于来到了。司机是个很高很帅的小伙子，年龄三十七八的样子，一眼看去就是个广东人或者香港人。他一到就招呼大家上车，在上车的时候大家就把手上的旅行社给的预定单交给他。我刚要排队上车，突然觉得内急，抓紧要去麦当劳上厕所，司机叫住了我，说这个麦当劳没有厕所。我让他等等我，就抓紧去了远处的旅馆，可是跑步进去的时候也没有找到厕所，宾馆的服务员看到我这么匆忙进去还有点警惕。不过，这么一急，倒不想上厕所了，就抓紧赶回来了，没有误了大家上车的时间。

车开出之后，司机先用广东味的普通话、广东话、英语、日语等分别问候大家，然后介绍了自己司机兼导游的双重身份，接着他开始了整个旅程的第一个话题：悉尼的交通问题。

悉尼在澳大利亚也属于老城市了，所以城市规划就不如一些新兴的城市合理，很多道路七扭八拐的，这个也应该和它靠海有关系。

司机说，在早上上班和下午下班的高峰期悉尼道路特别拥挤，车在路上简直像蜗牛一样。司机又说，在进出悉尼的主要道路上，车道是动态管理的，一般有八个车道，早上上班的时候从城外到城里是六条车道，只给出城的车留两条车道；而下午到晚上则是从城里到城外六条车道，给进城的车留两条车道；悉尼就以这样的方式实现了车道的动态管理。

这个提法让我觉得有点新鲜，也许我们的城市也可以采取类似的方式。

不过，司机又说，今天我们就不太幸运了，因为出城的车只有两条道，所以肯定会慢一点了，好在时间充裕，不用担心晚上到不了黄金海岸。

正如司机所说，我们缓慢地开车出悉尼，开始奔向我们的目的地。

小费：不得不给的故事

小费问题曾经一度让少年时代的我感到困惑。因为我偶然地从哪里听说过外国人在饭店吃完饭后，除了给饭钱还要给一些叫作“小费”的钱，一度觉得很奇怪。

到了大学以后，知道了更多关于小费的事情。那时候我们刚对外开放，有的外国人到了中国总想给中国服务员小费，却不时地被拒绝。写这类事情的记者们认为中国人很有志气，不挣不该挣的钱，偶尔还能受外国人的感慨，为中国争了光。

尽管如此，我对小费问题始终有些困惑，不知道究竟应该怎么处理它。真去了外国，是给呢，还是不给呢？是尽量多给呢，还是能少给就少给呢？虽然说各个行业有自己的不同规矩，但是我对于这个问题还是没有足够的心理准备。

但是，我发现我们的这个司机兼导游的李先生居然采取了直接索要小费的形式，让我极为惊讶：难道这居然是国际惯例？

他刚出悉尼，在用扩音器向整个车厢里的游客问候之后，就开始谈了一下大致的行程，最后转到了收费问题上。

他说，到达黄金海岸之后，住旅馆和早餐的钱大家已经支付给了各自的旅行社，就不需要再交了，途中需要吃中餐或者晚餐的人，如果愿意人家一起吃，则可以按照一餐 10 澳元交给他，不愿意的也可以自己找地方吃饭，钱就不用交了。以上是第一笔需要支付的钱。

第二笔钱是去景点的费用，也就是门票钱。由于大家可能选择性地去不同的景点，所以一会填个表，按照表上的报名情况来交费，他说了一下，一共有以下几个景点。

（1）邦德堡的珊瑚礁：110 澳元。

（2）华纳兄弟电影世界：65 澳元。

（3）天堂农庄：65 澳元。

（4）海洋公园：60 澳元。

（5）布里斯本、大香蕉、大虾：免费参观。

第三笔钱就是导游的小费。当时旅行团给我的预定单上倒是提到了这笔费用，说将要按照一天 5 澳元收取。我当时以为，这笔钱应该是在接收完导游的服务之后，根据自己的满意程度来支付。可是，让我大为惊讶的是，司机直接告诉大家，等中午停车吃饭的时候，大家就把这6天的小费30澳元一次交给他。

在车里谈到小费问题的时候大家都沉默下来，与刚才说到旅游景点时候的热闹形成了鲜明的对比。我想他们的困惑应该和我是一样的吧。

后来我才知道，团里还有一位是中国旅行社驻某城市的总经理，她也没有提出异议，我就怀疑这是不是真是国际惯例。这和我理解的关于小费的观点不符。游完黄金海岸回到纽卡斯尔后，我还特别就这个问题请教过我的朋友老李，到了澳大利亚7年的他也感到惊讶，并说小费本来就是根据游客的兴致给的，也没有听说过哪里的服务会强制性地要小费的。“投诉他!”老李说，我想了想，觉得那小伙子的服务还算可以，既然给都给过了，也就不想再纠缠了，我也不是个太较真的人啊。

这个事情始终是我的一个结，也许以后还会遇到这样的问题，希望到时候我已经知道一个确切的答案了。

袋鼠：等你在老地方

我们在小学或者初中时代就初步了解了澳大利亚动物，不过所知道的也就是袋鼠、树熊或者鸭嘴兽等少数几个特征明显的动物了，像鸸鹋这样的鸟就没有听说过。

也正因为这样的缘故吧，袋鼠作为澳大利亚的象征，知名度在中国几乎是最高的，如果到了这里却没有看到袋鼠的话，是不能认为自己来过澳大利亚的。但是我差点就成了没有见过袋鼠的人。一般可以在农庄看到袋鼠和鸸鹋、考拉等一起出现，可是我在天堂农庄的时候却没有看到一个袋鼠的痕迹。幸好有了一次路遇，才让我没有了这个遗憾。

各自参加的旅行社都在给游客的说明里都提到了“大香蕉”，说前往黄金海岸之旅，将路过著名景点“大香蕉”。

其实，“大香蕉”是个是香蕉的主产地，在途经的重要位置搞了个特大的香蕉造型，不过香蕉价格相对于我在的城市的超市确实比较便宜，所以我也就买了一串，后来在华纳兄弟影院还吃了几个。

路过的香蕉林里到处是塑料袋包着的未成熟香蕉，司机告诉我们，那是为了不让蝙蝠们去啄食而罩上的。

从“大香蕉”离开之后，我们继续出发前行。这时司机开始继续介绍：“请大家注意一下，前面将会出现一种现象，这种现象是特意为我们这个旅行团而出现的，我已经在“大香蕉”停留的时候给前面的重要人物打了电话，他已经答应我会在转弯的时候给我们一个惊喜，这个惊喜会非常特别。”

在拐弯的时候司机就开始提示我们向左看，然后一转弯，一群袋鼠就突然地出现我们面前，大约有半亩地的一块草地，站了几乎有30只袋鼠，头的方向各异，有的还可以看见袋里的小家伙。远远地还可以看见像是养殖它们的小房子的建筑，不过对于30只袋鼠来说，似乎那房子小了点。尽管司机故意放慢了车速，坐在右边的几个团友还是没有看到袋鼠，就都觉得有点遗憾。

我尽管看到了那些袋鼠，但是也没有能避免遗憾的感觉，因为我原来以为自己会有机会用手摸摸它袋的内侧的，好好感觉一下里面是不是有点像鸭绒被的感觉，可是这个愿望看来是不能实现了。

阳光灿烂的日子

我们结束了华纳兄弟电影世界的游览后，下午直奔邦德堡的珊瑚礁，也是很远的路途，经过了跋涉才来到邦德堡的旅馆。大家睡完一觉，吃过早饭就准备去，正是一个阳光灿烂的日子，可是等上了车，司机说了让大家感到无奈的话。

司机解释道，今天早上他的手机收到一个坏消息，说要出行前往的海域今天有较大的风浪，所以船出行有点危险，船公司已经取消了出行计划。我们也只好打道回府，但是为了让大家能不太遗憾，还是决定去海边看一眼。

其实大家来黄金海岸主要的目的就是来看珊瑚礁的，这下当然很失望，于是就用沉默表示抗议。司机见到气氛成了这样，就进一步解释，这个气象预报是政府的气象台给出来的，大家如果希望验证一下的话，可以拨打气象台的电话或者船公司的电话。

看到这样，大家就都没有了办法，在海边看了我们本应该坐上的游船之后，跟着车回到黄金海岸。

司机接着就谈到退钱问题和替代方案，就是去黄金海岸附近海湾的游船上吃海鲜并看节目。大多数人被迫同意了替代方案，然后就打道回府了。

应该退大家的钱于第二天上午到了自己的手里。

后来在国际旅行社工作的那个总经理向我们分析了原因。她告诉我们说，他们组团的时候也常遇见类似的事情，如果只有一个团十几或者二十几个人去参加海上的游览，而船却可以容纳上百人，一般会取消这次旅行而改为一个替代方案。

尽管整个旅途有些让人觉得遗憾的地方，但是司机作为导游还算基本合格，该介绍到的景点或者故事也基本介绍到了。

本来，我计划把这段故事加以改编，写成一个四幕话剧来着，可是我妻子说："那谁会看！"于是就只好放弃，采取的办法还是原样重现，希望您跟着导游去澳大利亚玩的时候，这篇文章能够有点帮助。

华纳兄弟电影世界

全中国人民都喜欢唱歌，至少我接触到的很多场景给了我这样的感觉。君不见，那些征婚启事上都有喜欢唱歌或者爱好艺术之类的宣称吗？君不见，电视台每周末都会有的那些靓仔佳人们在谈自己时不断地说除了工作，自己的业务爱好里就是唱歌吗？

我可没有讽刺他们的意思，因为我也是个喜欢听歌唱歌的人，有很多人夸我唱得很好，也有很多人听到我的声音之后怀疑地说："就你，还能唱歌？"疑问的表情让我愤怒。

但是，只有到了大学时代我才开始根据自己的爱好买磁带，可没有那么多的钱，因为自己的一切生活费用都是父母支付的，所以买的时候总会考虑怎样才买得值。于是，我经常的选择是买很多人一人一首歌的那种合集，而不是个人专集。其中，一类著名的合集是宝丽金（PolyGram）出的，一类专集是华纳（Warner）出的了。

华纳就这样给了我无法抹去的印象。

在一个阳光明媚的上午，当我进入华纳兄弟电影公司建造的一座主题公园后，才知道为什么每个人的黄金海岸之旅肯定会包括这个地方，它就像香港的海洋公园或者美国的迪斯尼乐园一样，没去过这里就不应该叫来过黄金海岸。

"黄金海岸"其实是个城市的名字。根据我原来理解的，这仅仅是个景点的名字而已，其得名当然是因为海滩上的沙子在某个角度看时是金黄色的，散发出浪漫而富有诱惑力的光环。黄金海岸还是澳大利亚的第七大城市，有着35万人左右的人口。

在澳大利亚，黄金海岸几乎是被广泛宣扬的第一旅游城市。它的名字就如此让人向往，真正身临其地，那秀丽的海滨风光、优雅的海岸线、天然的海滨浴场和独具特色的游乐场所都让人心醉。据统计，黄金海岸每年能够吸引超过400万游客，比它的人口数量多10倍。

这次来黄金海岸，我们基本就围绕着散布在城市周围的几个主题公园。在天堂农庄，我们热情前往参加了剪羊毛运动，还去了邦德堡，尽管没有看到美丽的珊瑚礁，但是也算到过了。华纳兄弟电影世界和这些都不同，它浑身都充满了非常现代的气息，一切都和时尚紧紧相连。

上午10点多的时候，我们乘巴士来到华纳兄弟电影世界的门口，跟着一个举着“STOP”牌子专候游客的服务员穿过马路，看到门口的Warnerbros我才明白，原来还真是兄弟公司，否则这个“bros(brothers)”放在华纳后面就让人费解了。导游兼司机的李先生帮着大家买了门票，居然每人还有一份中文地图，看来中国市场在这里已经是无法被忽视的了。

华纳电影世界又有人称为是黄金海岸的好莱坞。除了和电影有关系的很多东西，如世界电影发展史、制作电影的设施、特技镜头的拍摄技术展示外，还有我们早已熟悉的各种电影人物，如米老鼠、唐老鸭、超人、蝙蝠侠等。除了电影之外，还有一个现代化公园应该具有的供大家游玩的各种设施，如过山车。

李先生因为是多次来这里，所以对如何玩得最充分非常熟悉，告诉了我们一个最佳路线之后，他就找地方自己休息去了。我想，其实这就是导游的痛苦了吧，总是去一个地方还要每次都充满热情肯定是不可能的。于是，去这些游乐场就仅仅是一个可以带来不错收入的工作而已。

一、警校故事

导游李先生特别推荐给我们的节目是警察故事的特技表演。据说也已经拍成了电影，还是个系列剧，反应一直特别好，不过我却没有看过。

整个表演是警察捉小偷的主题，在这个节目里，极尽渲染夸张之能事，而警察则往往成为被嘲笑的对象，应该属于美国式的滑稽吧。

故事其实非常简单：两个捣蛋的小偷来到警校，把刚刚停稳的警车偷走了，于是引发了一系列的追捕和打斗。在整个过程中，小偷们肆无忌惮，而警察们却因为准备不足或遭遇不少技术问题而洋相百出。有四位观众被挑选担任临时警察，其中一位观众看上去是个顽皮的小伙子，虽然是从观众席里叫出来的，却一点都不发怵，一些动作还引得观众哄堂大笑。只有当他在故事里从楼顶掉落下来的时候，大家才发现他肯定是冒充的观众，因为公园当然不可能让观众冒从楼上掉下来的危险。事实上，在节目结束演员最后致意的时候，他果然也在全体演员行列里，作为故事中的一位特技演员，他其实还是个主要角色。

他从楼上摔下来后就被警察们关进了中间的小屋子里，同伙们为营救他，往小屋的烟囱里直接扔了一颗炸弹，他被炸得飞起，穿破铁皮屋顶斜飞二十多米高，越过警校大楼掉了下去。在场的观众都有些紧张得喘不过气来，他竟又神奇般地从大门慌忙跑出，背上还燃起熊熊大火。

不同类型的特技表演则穿插在故事之中，包括独轮飞车、攀爬高楼、不同姿势的跌落及大炮射击等。

最惊险的是小偷驾驶的直升飞机居然在楼顶坠毁，跌落在了楼后，只见一团烈火腾空而起，整个观众席都感受到了扑面而来的滚滚热浪。结束这个特技后，节目也就接近了尾声。

最后的结束当然少不了小偷被绳之以法，维护正义的方式尽管笨拙，可还是获得了胜利。

故事紧张精彩，特技也毫不含糊，也难怪能吸引这么多观众，从而成为王牌节目。

这个节目的精彩自不待多言，正式表演前的插科打诨也很是不错。从第一个观众入场到坐满人其实至少半个小时的时间。这段时间怎么打发一直是我特别困惑的事情，我记得自己是在北京的世界公园及深圳的世界之窗等待的，简直有点百无聊赖，想先去其他的景点又害怕赶不回来看节目或者回来的时候已经坐满人了。对于我，一般的选择就是等待又等待，直到节目开始。

华纳世界考虑得显然比较周全，从观众一入场，就会有一个穿着像越南士兵的胖小伙开始他的表演，而且总是采取和观众互动的手法，想来公园安排他的目的就是消除观众等待的烦闷吧。开始的表演包括一些滑稽的军人动作，如敬礼、跑步、窥视等，花样叠出，来一群新的观众，他就用不同的方式戏弄一番，总是引来大家的笑声，被戏弄的观众开始有点困惑，不过也很快就明白了这个家伙的用意，也就笑笑然后找自己的位子坐下。

还有一些孩子看他好玩，就去找他，有的就被他放在长凳上。他把孩子的胳膊举起来让孩子背对观众，孩子不知道怎么回事，就举着不动，引来包括孩子父母在内的人们的笑声。等孩子举累了，他就把孩子放了下来，用长长的气球给他编个小狗，把孩子还给他的爸爸妈妈。

他的表演直到节目开始才算停歇下来，节目开始的时候他的退场也显得自然而滑稽。

其实，以观众为主而不是以门票为主才应该是这类游乐项目的最高宗旨，因为只有前者才可能促进后者。对于观众，他会觉得再来一次这个公园也是值得的，和朋友谈及的时候也会说这个公园绝对值得一去。这就是公园匠心独运的地方吧，而且也确实起到了应有的效果。

除了这个小丑，公园里还有一个蜘蛛人不断地爬来爬去，看见人不注意就突然出现在面前，让人惊愕之后再惊喜。我在立体电影院的时候眼前就突然出现了这么一张黑脸，即使我已经在外面见过这个家伙，还是有点意外。

就想起一个关于迪斯尼乐园的故事，天上突然来了一阵急雨，正游玩的孩子就对妈妈说："这场雨肯定是迪斯尼乐园安排的。"说得妈妈也将信将疑起来，这样的话才真正是观众的赞美。我在其他地方的公园玩的时候，逛完之后一般的感觉是，我终于到过这个公园了，以后就不用来了，真累。

也许，这就是公园与公园的不同吧。

二、电影特技的生产

警校故事上午和下午各有一场，虽然是公园的拿手节目，但是开始的时间却不够早，所以我首先看的节目是电影特技。

排队的时候，服务员小姑娘还从观众中选了几个参与者，因为不知道参与者究竟应该怎样和演员交流，我特意地躲到了人群后面，惟恐被选中。如果让一些人说，会说是中国人心态，其实不然，因为未知，所以担心，这是整个人类共同的问题，所以富于冒险精神才是值得夸耀的。我觉得，那些登山健将应该获得和他们登上的高山一样高的赞美，毕竟，对于像高山这样充满危险的未知领域，人们的一般反应是"因为未知，所以恐惧"的。

进入第一个特技场景表演台的时候，我发现仅仅是一个大屏幕、一个表演台、几个摄像头而已，也没有其他的东西。

第一个被选中的观众是个女人，之所以选择她是因为她穿着裙子，而特技需要她的裙子被风吹起。这里，风的来源是一个简易的电风扇。

给她准备的是一个跳楼的绝望女人的角色。开始的故事在大屏幕上先演了一遍，可以清楚地看到屏幕中女人的无助。她恐惧地在高楼阳台外只容一脚的平台上移动，然后电扇开动，参与观众被要求站在一个有点向下倾斜的台子上。不过和镜头中不同的是，这个台子就在地上，所谓的特技也就在这里了。导演给她说了戏，在她站好之后，电影重新开始。全景镜头里就已经是我们这位参与观众的形象了，屏幕上楼下的人恐慌地看着她，她的裙子在夜晚的微风中被吹得呼啦啦响，导演示意她做出恐惧的表情，然后就是一个特写，节目结束。原来是这样的啊，我心里感叹。原来我一直以为楼下一定满是救生设施，所以演员才演得从容不迫呢，看来是我大错特错了。

第二位观众出场的时候大家都笑了，因为他的打扮是超人，一身紧身服，和电影中的超人装扮完全一致。他的表演是超人在空中飞的镜头，导演告诉他把双手举起来，完全模仿电视剧中超人的镜头。他照做了，不过还是有点生硬，应该是没经过表演训练的缘故。

然后，服务员带我们转到了另外一个场景。这里有个飞机头，经过她的指点，我们知道这里表现的是战斗机的战斗故事。参与观众是个帅小伙，已经全副武装，穿上了第二次世界大战时期的空军服装。和前两个不同，从他告别战友和亲人，踏上梯子的时候，旁边的大屏幕就开始播放了。作为他下属的小姑娘示意他敬礼，他没有注意到，于是小姑娘只好直接抬他的胳膊，他才意识过来，抓紧微笑敬礼，然后就是上飞机，在屏幕上正是蓝天下的景象，和我们实际处的黑屋子大有不同。小伙子跟着小姑娘上梯子的时候，进入机舱前又敬了个礼，然后，机舱被封闭了，镜头里已经是蓝天上的飞机了，玻璃里的面孔正是这个小伙子。

接着是小伙子笨拙的表演，和他一个机舱的小姑娘则不断地指导他的动作，如飞机翻滚时的表情把握等。终于结束了，他下来的时候我发现脸上有汗了。下机的时候再敬礼，表演正式结束。

门打开的时候大家鱼贯而出，我们才发现外面的天是这么明亮。

结束了这场电影特技的参观，我的感觉是一行有一行的规律，再精力充沛的人也不可能完全掌握，就对自己读遍天下书的雄心壮志有点困惑了，即使用上所有的时间，也总会有掌握不了的东西啊。

20 世纪 80 年代有这么一道高考语文题目，让判断对错：“他通过自学完成了大学所有课程的学习。”我怎么也不理解为什么这道题的正确答案是“错”，后来经过老师的解释才知道，原来大学有几百个专业方向，谁也不能够完成所有课程。但是还在读高中的我还是会困惑，只有在自己升入大学以后才发现，专业间的差别几乎难以跨越。

三、因为哈利·波特我错过了蝙蝠侠的凌空飞越

我是不会看系列小说《哈利·波特》的，也许几年之后才会改变想法。我的网友“猫”有点不明白，她是一直追着看下来的，只要一出就立刻去买。为此，我还费力地向她解释了一下。

我其实一直不看众人追捧的东西，从高中时代开始就是这样。

1987 年左右正是金庸和琼瑶小说开始流行的时候，班上爱读书的人多数去外面的租书店一毛钱一天地租来看。我作为班上读书最多的人，没有盲目跟风，而且这绝对和高考无关。

后来，张爱玲又开始流行，不少读者和一些评论家一致认为她是中国最重要的作家，是一个不可忽视的人物。但她的作品我一篇都没有看过。

当一件事情成风的时候，我内心一下子就会产生抵制它的情绪，也不知道为什么。

对于《哈利·波特》，我告诉“猫”，我不喜欢和大家一起凑热闹，不是天性使然，只是自己不希望做这样的人吧。所以，等《哈利·波特》热过一阵子之后我会去看的。“猫”有点不服气，说即使按照我事先给定的热过 5 年才看的话，也应该看看第一部了，因为它已经热过 5 年了。我哑然了一下，倒还真没有想过这个问题。被“猫”说得我有点心动，就去买了本《哈利·波特与凤凰令》，不过放在书架上，现在还没有翻开第一页。

这也许不仅和“猫”有关系，也和我在华纳兄弟电影世界看过《哈利·波特》的部分场景有关系。我为了排队看它，还错过了看蝙蝠侠的凌空飞越，那可是一条漫长的铁索啊，一下子就过去了，而《哈利·波特》的电影场景里都是些静态的东西。

最初进入的时候还有点戏剧化，我想主要也是公园希望能在静态里多些趣味的意思了，入口只能容纳 20 个人左右。我们进入小房间似的入口后，打扮得特别像哈利·波特的小伙子把所有口都封住了。然后灯灭了，他念了几声咒语，灯亮了，我们四周的墙壁已经换成了电影《哈利·波特》中的场景，四面都是书。然后一侧书架移开了，看过去就是神奇的哈利·波特的世界了。有些窗口可以看到巫婆的脸，而巫婆经常使用的扫帚则是标了价格的，需要的人可以直接在此购买。

哈利·波特披着电影里的衣服，向观众们讲解每个场景在电影中的哪个部分。不过对我而言基本属于对牛弹琴，因为我没有看过书，同样没有看过电影。然后还有一个动态的东西，哈利·波特把一个魔法棒交到一个小朋友手里，然后让他指一个窗口，只听一声咒语过后，窗口猛地开了，这也是魔法学校里教的内容。

我们还经过了哈利·波特待山洞，他的椅子在不停地摇晃着，也算一个有趣的东西吧。当然，还有古怪的声音不断传来，加重了学校里的神秘气息。

还有一些老虎，不断做出向前扑的动作。我看到不少孩子兴致盎然。但是转过这几只老虎之后，门开了，外面的阳光告诉大家参观结束。我急匆匆地跑了出来，刚好还能看见蝙蝠侠凌空飞越后颤抖的铁索。我知道，无论如何还是错过这个激动人心的场面了，就有点遗憾。

四、电影院

在华纳兄弟电影世界，我进了两次电影院。

原因还是导游司机李先生说会在中午的时候有一些华纳新拍电影的预报片，喜欢电影的人可以去看看。我一直喜欢电影，所以就很关注，一到时间就停止了在过山车那里的排队，转到电影院来。结果很失望，因为只是些电影的广告片和一些精彩镜头的集锦，没头没尾的。最清楚的就是和袋鼠有关系的一个西部片。在片中，袋鼠屡次出击，把坏蛋们打得落荒而逃，还真是个澳大利亚特色片呢。不过后来在中国也没有看到这部片子上演，也许是没有引进它吧。在看影片的间隙，蜘蛛人很怪异地在我眼前出现了一下，吓了我一跳，这倒是比这些预告片更值得记住的一个花絮。

在此之后，我抓紧去坐了两个风格不同的过山车，在演立体电影前回到了电影院。领了一副立体眼镜后就进了电影大厅，大厅里还有些关于立体电影技术原理的介绍，也很好玩。

立体电影在中国大概是 20 世纪 80 年代初出现的。那时候县城电影院轰动的情形我还记得，却没有去看，因为听说要买立体眼镜，需要另加一元钱，我就没有舍得。听别人说了效果不错，我也没有往心里去。

华纳影城的立体动画片给我的感觉非常好。比较神奇的是，片中的大狗不断和观众们交互，如突然把眼睛对着你的眼睛，瞪得大家心里发虚。我还看见一个小孩拿手要把狗脸拨开，当然拨了一个空，因为狗本来就在影片里。还有一件有趣的事情是狗打了个大喷嚏，然后大家就感觉脸上湿漉漉的，原来是电影院有个同步滴水的设置，使立体电影的真实感更加明显了。

第一次看立体电影让我很新奇，就对当时为了省下一元钱错过了它那么久遗憾起来。有时候，在没有多少成本的情况下是非常应该鼓励自己去开眼界的。一个东西你没有亲自去尝试过，理性的分析往往是没有意义的，就像一个小孩不去摸一下火焰不知道会烧疼一样。还有就是触电的感觉，我直到20岁以后才偶然地有了这个感觉的，虽然感觉并不好，但是对触电感觉的好奇终于结束了。

我不知道华纳影城的立体电影是不是经常换，影院外面的大厅里也介绍了它的成本远高于一般电影。我想也许就很少了吧，就像球幕电影一样，拍摄成本太高，而收回成本的渠道则太少。

五、大游行

大游行是每天的结束曲。我第一次见这样的大游行还是在深圳的世界之窗。不过，因为华纳公司自己出品了很多电影，所以那些电影中的许多明星出现在我们面前，还是让人有震撼的感觉的。

其他人物还有一身劲装打扮的猫女，手里的皮鞭甩得噼啪作响；一群带着可怕面具的魔鬼张牙舞爪；动物明星们则举止夸张，滑稽可爱；蝙蝠侠从天而降，登上坐骑，从容而去；机器战神一身银色盔甲，威风八面。

与我同行的那个贵州老太太的数码摄像机拍个不挺，惟恐落下一个镜头，好不热闹。

不过，“热闹是他们的”。我静静地等待着这些人物通过，心里想着繁华过去的感觉。

六、花絮

特别需要说明的还有一件大事。我和扮演著名好莱坞美女玛丽莲·梦露的女士合了一张影。本来想动作更亲热些，但是中国人的羞涩让我止步了。当时她坐在一辆50年代款式的汽车上，笑颜如花。这毕竟是活生生的真人，不是模型。

和导游李先生一起路过了一处会打呼噜的墓地，好像死者在里面睡得正香，墓地上的石头因为呼噜声而不断起伏，给人以新奇的感觉。这时候，我刚好想起自己手里没有现金了，就准备去路边的银行取钱。李先生告诉我，有时候会有打劫的表演，让我见了不要害怕。我进去的时候就有点警惕，看见几个顾客在排队就想着也许哪个就是劫匪。不过，抢劫表演始终没有发生，我也就虽然安全但有点失望地取了钱出来。

取完钱我就去玩过山车。过山车分为两类，室内黑暗中的过山车和室外过山车。室外的那个需要先看一部3分钟的惊险短片，证明基本不会有心脏病、高血压之类的病症才放行。而在过山车下行到最危险地段的对面位置则有自动照像设备，每个人的惊呼都会被照下来，如果你愿意出5澳元，就可以得到这张照片。玩过过山车之后，我还去了动态飞行模拟器，在一个形似宇宙飞船的舱里体验了在太空里前仰后合的感觉。

我最后都不知道自己是否玩过了所有的项目，总是觉得有些好玩的东西被错过了。虽然从时间上看，整个影城的所有节目如果安排妥当，是可以全部搞定的，但是谁知道会不会有遗漏呢，这个疑问一直到现在还困扰着我，让我想着下次去的时候一定要再细细地研究一下节目顺序。

错过许多沿途的风景

引子

记得托尔斯泰的女儿这样评价自己的父亲，“要……，必须得是普希金……或托尔斯泰才行”，话语里充满了对自己父亲的自豪感。在我的印象里这个说法有两个版本的故事和它对应，一个是《复活》里聂赫留朵夫和卡秋莎，当作家创造了这些个人物之后，他们的命运就完全独立了，甚至都无法由作家自己操纵；另外一个版本的说法则和托尔斯泰小说《安娜·卡列尼娜》的开头有关系。原来设计的开头是“奥布朗斯基家里，一切都乱了”，女儿觉得这个开头有点怪异，但是比较其他人的作品后发现这样开头反倒是开宗明义，直接把冲突展现在读者面前，这种写作手法也“必须得是普希金……或托尔斯泰才行”。

看了更多的前人作品，我发现开宗明义的情况确实不多，多数的情况是采取由一个远景镜头逐渐推进到近景的手法。例如，大段地描写景物，甚至连续几页都不出现人物，这样的手法需得读者有特别多的闲暇时光。在今天，这样的手法恐怕早把读者给烦跑了。

于是，我就更加困惑了，因为我竟然不知道怎么来写景才会让读者不走开。可是，出游印象能没有美好的景致吗？我想不能。那么，我们试一试，看看我的景色能否让您感到有趣和温暖。

雨

我一起床就感觉到了雨的气息。这是整个旅行团要乘巴士离开黄金海岸的早晨，几天的游览让大家有点疲惫。从睡梦中醒来的时候，那股潮湿的味道再一次占据了我的思维，半迷糊中拉开窗帘向外看时，心灵顿时被细雨的规模震撼了。雨虽细，雨丝却如此地整齐而温和，并没有什么压倒人的气势，而是在全部的空间里按照一个模式下落。当汽车穿过，雨就像雾一般地散开，然后跟着汽车尾巴走了一段，不一会就又恢复到原来整齐下落的姿势。

下雨时很少看到人在雨里跑，没有伞的人们步伐依然如故，和我住的小镇纽卡斯尔没有二致。我还仔细追究人们不喜欢躲雨的原因，发现这里的雨很少有大雨点，从悉尼到纽卡斯尔，再到黄金海岸，下的都是毛毛细雨。习惯了细雨，即使偶尔雨下得密了或者大了，也可能一下子觉不出来，也许这就是大家在雨里比较从容的主要原因吧。

于是，我就想起了初识澳大利亚细雨的那一天。那时候，我刚到纽卡斯尔没几天，也是一个微风清凉的早晨，窗外坡路上目视可见的雨丝细腻地像爱情中敏感少年的心。我伸了个懒腰，一边开始静静地在房间里读书，一边等待着雨停。柬埔寨邻居一会儿带了个朋友回来，两个人落汤鸡一般，大概赶上了一阵急雨，然后讲着我听不懂的话，想来应该是柬埔寨语吧。他应该是在我还睡着的时候就去拜访朋友了，我想，现在朋友随着他回来算是回访吧。

当时胡乱地吃了饭，等雨在窗前的路上已经看不到痕迹的时候，我出门走向学校的办公室。走出几步后，正要后悔多带了雨伞，那丝般的小雨就把我的悔意消灭了。到办公室的路也就 10 分钟，雨却停停下下达 3 次之多。到达办公室后，感觉屋里有一股周末特有的闷气，似乎潮湿的空气在屋子里已经逗留了很久。于是我打开窗子，一下子听到了小鸟的叫声，叫声里因着这潮湿也少了些清脆。

现在，回想着那些温柔细雨的日子，就觉得一切都像梦一样，澳大利亚的雨和我们山东老家的雨是不同的。家乡的雨总是倾泻而下，如雷霆万钧。小时候特别盼雨，对于孩子来说，大雨要比温和的雨要有趣得多。而被树叶重重遮挡的屋子里就显得愈发昏暗，好像很久以前有着各色老家具的古旧而温馨的房间，让人顿生怅惘和伤感。

细雨迷朦的黄金海岸啊，今天我就要离开你，再次回到澳大利亚遥远的南部小镇，而回去之后，不知道什么时候还会有机会再到那滑浪者天堂，踩着细腻如丝的沙滩和海对话。

其实，我在黄金海岸住的房间朝向非常好，属于海景房了。尽管家具和门窗都有了因年久而不再新鲜的意思，滑浪者天堂的海景还是可以直接由窗户看到的。落地窗外是阳台，有两把简易的塑料椅子放到那里，因为这几天雨特别多，椅子上的灰尘已经变成泥巴。

我这次出来也没带伞，因为正遇百年不遇的干旱，所以想无论如何是缺水的，即使下点雨也不至于会多大。现在看来，这样的想法是错误的，否则“未雨绸缪”这个词就没有意义了。好在雨多在清晨或者黄昏后落下，也就推迟一下出行的时间，我及早返回旅馆就是了。

不过，在赶回悉尼的路上，雨却不那么客气了，而且由于人在车窗里和雨更接近，所以我总是感觉到雨成了一个不太受欢迎的客人，不断地扣打门环。

旅行车在路上其实是寂寞的，因为早起和这几天匆忙游玩的原因，很多人在车上就沉沉入睡了。所以对于车来说，雨倒是一个忠实的朋友，通过洗刷车上的尘来安抚旅行车孤独的心。当有车相对驶过或者超车时，车窗间的空间就突然像被浓雾遮住似的，一片白花花的景象。而车错开后，一切又恢复如常。雨继续下，敲打车顶的声音主要是为了呈现出雨的集体力量，没有那种雨点砸下来的感觉。

虹

在雨交错落下的空隙里，我看到了三次彩虹。

第一次是雨刚停的时候出现的，属于突然袭击般地出现，我一点准备都没有。

雨停下来的时候，路边大片草场给我非常清新的感觉。在车转过一个弯后，彩虹突然呈现在大家面前时，我惊呼了一声，惊醒了几个同行的人，就又多了几声惊呼，这样大家都醒来了。司机在扩音器里的声音也开始响起，他说大家是幸运的，因为今年的雨少，彩虹也就一样很少看到，不过在澳大利亚，只要有雨，多数情况下还是可以看到彩虹的。话语里有点骄傲的意思。我就沉默了一下，想了一下自己在家的时候偶尔才会和彩虹不期而遇，就有点感慨：甚至连彩虹我都觉得是久违的东西了啊。

草地在雨后显得愈发清晰，我总是觉得如果我没有这么近视，也许可以看到每根草的细节。后来知道昆士兰州当年的干旱也许因为这场雨的缘故，算是已经结束了，牛和袋鼠又可以恢复生机和活力了。

一路的雨总是下了又停，停了又下，这样彩虹就出现了几次。阳光下，彩虹的轮廓显得格外清晰，另一端在遥远的目不可及的地方，而离自己近的这一端好像触手可及似的，或者只要在草地上追过一段距离，就可以拉到彩虹的尾巴了。想来这种向往的感觉在看美景的时候也是经常会有的吧。

第三次看到的彩虹和前两次有些不同。色彩不如前两个那么斑斓，但是显得更加清楚，而且这道彩虹的近端不是接到草地上，而是落到了路边的山谷里，让人特别想探究一下在山谷里彩虹究竟会落多深。虽然我们的车在有点崎岖的公路上转，但是那落在山谷里的感觉却在哪个角度看都挥之不去，让我好奇这种感觉究竟是怎么造成的。

回去的路上，我们再次经过了有着“大香蕉”和“大虾”称号的两个落脚点。这还是在旅行社给游客的旅游说明里提到的这两个景点，说是前往黄金海岸之旅，将路过两个著名景点等。

“大香蕉”是香蕉的主产地，在途经的重要位置设置了个特大的香蕉造型，我第一次经过它去黄金海岸的时候还买了一串香蕉，确实比较便宜。途径香蕉林的时候，我看到了林子里到处是塑料袋，后来知道那是为了不让蝙蝠们去啄食而设置的。

“大虾”则是一个海产品餐厅，老板在餐厅的顶部弄了个很大的虾做为餐厅的招牌。我们一行中没有一个人到这个餐厅用餐，也许是感觉会比较贵的缘故吧。

经过这两个地方不久，车转入夜行，可以清楚地看到一路上用于夜晚行车的显著路标，车灯打在上面有反射的光。

夜间行车，即使想看沿途的风光也不可能了，大家就又进入了梦乡。在东倒西歪的旅客中，我却有点睡不着，就再次想到了那一首谭咏麟的《我的心没有结局》：“经过长长的旅途我终于惊醒，错过多少沿途的风景，年少拥有的轻狂早已经逝去，隐隐约约才看见自己。”但是，试图在夜幕中寻找窗外美景的努力是无论如何也不能实现的，想着错过的美景，顺便也想到了人生旅途中必然会有的放弃与追寻。

一、宁宁定理的提出背景

宁宁定理是：当一个人住旅馆的时候，不再想着将旅馆里的一次性牙刷、小香皂、浴帽、一次性拖鞋、简易针线包、洗发液和沐浴露放到自己行李箱里，这个人才算成熟了。

今天，虽然大家对旅馆里提供的小东西的热爱程度已经随着中国融入国际大家庭及中国人的生活质量越来越高而渐渐消退，但是我们仍然可以在不少的情况下看到拣拾这些小东西的现象。对免费东西的热情不会真能完全避免，毕竟旅客会觉得“这本来就是因为我们付了旅馆住宿费而提供的，自然应该属于我们自己，何必要为旅馆省下这笔费用呢”。

其实，就个人来说，对于拿旅馆消耗品的行为怎么理解都不能算过分，而对于旅馆来说则肯定希望减少这笔开支。实际上，除了服务费用和固定资产外，在旅馆的开支中，除了水、电，就是作为消耗品的这些小东西了。这个问题在旅馆业是如此的广泛，以至于有的旅馆对此还确实进行过改革。当旅客住的时间足够长时，不再提供简陋的小瓶装消耗品，而是用稍微大瓶的名牌洗发液和沐浴露来代替。

这个定理的提出者宁宁是我的妻子。虽然我也知道每个人都会有类似的想法，而且不只是今天才有，但是把它作为一个严肃的话题在我耳边提及的却只有宁宁女士一个人。

说完以上这些和旅馆消耗品有关系的话题，我要郑重地开始介绍在澳大利亚旅行中关于住旅馆的有关注意事项。因为我曾经住过三个不同的旅馆，所以还算有一点资格谈论这个问题，而说清楚这个问题必然会给您未来的澳大利亚之旅带来一些方便。

二、第一次在悉尼的旅馆 Check in

我听到 Check in（这个词的意思在旅馆是“入住”，在机场则是登机前的“验票”）这个词并不是在第一家入住的旅馆，而是从带我们这个团去黄金海岸的司机兼导游的嘴里。我从纽卡斯尔出来就根本没有想过要对旅馆的日常用语先进行了解，所以 4 月下旬的这一天到达悉尼后，在第一个旅馆入住时我居然没有说 Check in，后来知道这个词的意义之后，很有些林黛玉进贾府时候的“不肯轻易多说一句话，多行一步路，唯恐被人耻笑了去”。

这次入住的酒店是我事先通过电话让旅行社帮忙定的，参加旅行团也是旅行安排的，当然，事先需要把所有的钱通过网上银行支付，在电话里他们还特意交代了旅馆有免费的早餐，不过这个我早就知道。

这个位于 Capitol 广场上的旅馆隐藏得比较深，害得我围着整个大建筑转了一圈才找到一个很不起眼的入口，进入之后看见总服务台有两个人，小伙子看上去是个印度人，姑娘则像是中国人，我犹豫了一下，决定还是用英语开口。

还好，姑娘很热情，要过我的预定单之后，连护照都不需要出示就直接给了我钥匙。在总台旁边就是电梯，看上去就此一个上楼的口，我先担心了一下，首先考虑安全已经是我的条件反射了。一个正规的旅馆是不应该只有一个电梯出入口的，万一有火灾什么的，怎么逃生啊？

即使操心，我也不能直接去问，还是上楼自己找吧。当电梯上到4楼后另一面门开了的时候吓了我一跳，不过很快反应过来，提着我的小箱子就看房间号的图标，不费吹灰之力便找到了他的房间。我没有看见楼层的服务员。

进入房间之后发现是个大床房。然后就是看窗外，很遗憾的是，半扇窗户被外面的门面房给挡住了，看不到街上的情形，只能远远地看天空和更高的建筑屋了，我轻轻地失望了一下。

此时已过中午。因为之前刚到悉尼的兴奋，一直没有觉得饿。本来还想安顿下以后先出去到附近转转，可是此时肚子开始饿了。过了吃饭的时间，我就从小提箱里取出了一些饼干，就着泡上的热茶凑合了一顿。

就这样简单地填饱了肚子。我拿上悉尼的地图、护照、钱包等必备物品就出门了。我先去移民局，因为我希望签证能获得延期的申请，再在这里呆几个月，而移民局负责的就是签证延期之类的事情。可惜这次到了移民局，却发现门已经关了。原来今天虽然是周四，下午下班的时间却比平日早，我只好悻悻离开，准备着明天再来一趟。

旅馆附近正挨着唐人街，四处以繁体字为主的招牌让人恍然觉得到了20世纪30年代的上海。饭店、药店、中医诊所、杂货店是唐人街的主要特征。

逛完之后我找了个麦当劳解决了晚餐就回到旅馆，准备洗澡。等我仔细翻查旅馆的一次性用品的时候，惊奇地发现居然没有一次性拖鞋，虽然卧室有地毯，但是盥洗室总不可能有地毯的，我惊讶之余有些愤怒。

我为所有住旅馆的人考虑了一下，觉得有点不可思议，毕竟光着脚出来，地下还是会有点凉的，拖鞋也不会用多少钱啊，实在不明白悉尼的这个旅馆意欲何为？

还好，旅馆的淋浴设施没有我掌握不了的使用要领，鼓捣两下就找到了窍门，兑好的温水倾泻而下，一天的疲惫顿时消散。

看电视的时候，我发现可以看到中央电视台第四频道，心中大喜过望。

此时的悉尼和北京时间差3小时，所以我在8点只能看5点的节目。时差带来的问题此时通过电视才显现出来，我根本无法按照通常的规律安排看节目的时间，看来数字点播技术真的是非常必要啊。

晚上睡觉前要了叫醒服务后，睡前刷牙的时候，我再次惊诧了。因为旅馆居然不提供牙刷和牙膏，还好来之前我对刷牙问题进行了充分考虑，带了这些东西，避免了不能刷牙的尴尬。

后来到达黄金海岸及邦德堡的旅馆的时候，我也发现了同样的问题。旅馆也不提供拖鞋、牙刷和牙膏，但是其他的必需品（如洗发水、小香皂）倒是一应俱全。我想，这应该是澳大利亚旅馆的惯例吧。

三、入住黄金海岸及邦德堡的旅馆

我入住的黄金海岸的那家旅馆很让我非常生气，因为他们在旅馆的电梯里贴了一张中文的告示：“敬请各位客人在乘坐电梯的时候不要一次人太多，以防电梯出现故障。”

我生气并不是因为这个提醒，而是因为这个提醒是中文的。实际上，每个电梯的载重量是一定的，电梯也肯定具有超载警告的功能，否则就是不合格的。用中文书写警示的唯一目的就是让中国人看。虽然中国人喜欢一起进电梯，但是只要电梯没有问题，不发出超重警告就应该是安全的。我实在看不出这个警示的意义何在。如果说核定载客是 13 人而进了 12 人，服务员们就认为多了，那么就肯定不是客人的问题，而是旅馆本身的问题了。如果确实进了 14 个人，那电梯不警告就是电梯的质量问题，从哪里看都不是我们中国人的问题，这个告示来得让人惊讶而愤怒。

实际上，我觉得以前经过部分无良记者和无良导游作家的错误宣传，总说中国人在海外不懂外国规矩而出丑。根据我自己的观察，我们中国人在海外总是小心翼翼的情况多些，就像我在前面说到的《红楼梦》里林黛玉进贾府时的心态，就怕被人耻笑了去。而且，今天我们再出国在很多情况下是去玩，有些事情也许由文化背景不同造成的问题，有些则应该归咎于当地的服务做得不好，像这家旅馆的中文告示就非常的不合情理。

在当时的百年大旱之下，黄金海岸尽管紧靠海边，也被迫实施了一些节水措施，卫生间水箱里的水补充得就不太及时。不过我想这个事情客人都会理解，毕竟谁也不是天生就喜欢浪费的人。

也许，正是因为这个原因，悉尼的旅馆提供了咖啡、茶和奶，而黄金海岸的旅馆则只提供了咖啡，因为他们很害怕客人泡起茶来就没头没尾。

我们在黄金海岸游完华纳兄弟影城，参观完附近的农场之后，已经很晚了。晚饭后才出发去邦德堡，因为那里距离大堡礁很近，而我们此行的最重要的目的地就是澳大利亚最美丽的珊瑚礁——大堡礁。

首先需要说明的是，邦德堡非常接近海边，我们从这里出发，可以直接到不远处的海边，乘坐能够观察水下珊瑚礁的有透明玻璃窗的游船。看着邦德堡的名字，我特别欣赏前人能把 Berg 翻译成堡，仔细想想觉得实在太美妙了。我们知道，有名的七桥问题所在地哥尼斯堡（Konigberg）、俄罗斯曾经的首都彼得堡（Peterberg）都是堡兄弟一族，译名非常传神地反映出了各自所处的位置——靠海或者近河。再加上欧洲的城堡也确实是区别于亚洲各国的建筑，所以，把堡如此有机地镶嵌在这些名字里简直是最恰当的创意了。邦德堡虽然没有城堡的建筑，但是却紧靠海边，一点都没有浪费这个美好的译名。

邦德堡的旅馆和我已经说到的旅馆很不一样，因为它完全是平房建筑。也许是因为位于农村的缘故吧，土地有的是，所以房间也特别大，和悉尼及黄金海岸的旅馆比起来，简直是大到两倍左右。里面的设施也非常齐全，有小冰箱，甚至还有一套沙发，很干净。应该说，这里一点不差于其他的两个旅馆，就空间而言，还要更大一些。不过，由于附近并没有什么热闹的地方，所以整个旅馆静悄悄的，显得有点阴森，好在除了我，其他的人多是两个人同行，也就不存在害怕的问题。

因为第二天早上要出发去看珊瑚礁，所以我也无法细细地品味旅馆的设施，慌里慌张地洗澡后入睡了。

四、打电话

这里最大的电话公司是 Telstra。我多次在不同地方看到了这个公司的大型广告牌，如在悉尼市中心的高楼楼顶和奥林匹克主体育馆的最显著位置。实际上，在澳大利亚它几乎无处不在，我的房东老阚的儿子上大学也是这个公司提供的奖学金。其他的小电话公司多数是租用这个公司的线路进行营业。当时家庭电话月座机费是 26 澳元，从前便宜的时候是 11 澳元。而本地电话（所谓的市内电话）的计费每次都是 0.25 澳元，而时间则不限制。也就是说，不管电话说多久都是这点钱。当然，投币电话要贵一点，是 0.4 澳元。

在黄金海岸的旅馆，我遇到了在悉尼所没有遇到的问题，就是旅馆的市内电话居然是不通的，需要拿钱去开通然后才能使用。我取了 100 澳元前往开通了市内的电话。因为我事先已经买了电话卡，所以只需要拨通本地的号码就可以直接用卡了。总台的服务员态度还不错，把我的100澳元封在一个信封藏到了保险柜里，我抓紧时间回到自己房间开始拨老婆宿舍的号码，进行遥远的问候。

这里，需要补充一下在悉尼打电话发生的让我无法理解的事情。旅馆的电话倒是可以随意拨市内电话，我当时只拨了已经买的电话卡的接入号码（类似我们中国的17911这样的IP卡的接入号），一个电话的结束只是表明你卡上电话结束，并没有挂掉这个接入电话号码，所以还可以继续拨其他的长途电话。也就是说，我只拨了一次接入号，就可以分别给父母、老婆、同学等拨电话。而澳大利亚的电话是按照次数收费的。这样，一次电话我可以打给了很多人，除了一个市内电话的费用外，我用的只是我自己电话卡上的钱而已，我还深为之喜悦了一下子。

后来在离开旅馆前结账的时候，我说打了一个电话，等待了会，总台的人告诉我98澳元，我的头立刻大了，本来是0.4澳元的事，怎么给这么多。还好，我比较清醒，就分辩说，我只打了一个市内电话，应该是0.4澳元，让他再查查。然后，他又认真看了一下说，应该是0.8澳元，因为没有太大的差距，又想旅馆的市内电话也会贵点，我没有计较，抓了两个硬币给了他。

在要离开黄金海岸旅馆的时候，我去下面总台结电话的账。总台的小姐告诉我说，因为我打的是市内的免费电话，所以，100澳元原封送还。因为有悉尼那个旅馆的经历，所以我有点兴奋，夸张地看了看里面的钱，逗得两个姑娘开怀大笑。

后来，我再次回到了悉尼的那个旅馆。第二天走时结账的时候，被索要高额电话费的一幕再度出现，这次是 45 澳元，我只好再度把只打了个市话的话说出来。这个小姑娘和上次的小伙子一样，装作认真看结账系统的样子，最后要了我 1 澳元。我无奈地摇摇头，心里有点困惑，莫非大城市旅馆的人都这样吗？而客人确实也就糊涂过去了？

五、吃早餐和吃饭

因为在悉尼或者在旅游地，早餐都是在旅馆吃的，所以我把它单独拿出来说。

关于吃的问题，我们祖先认识得最深了。随着美食家们屡屡在不同场合出现，大到不同菜系全国上下流动，小到地方风味纷纷登场，连我家都出了东平湖糟鱼的特产，我每次回老家总要带几袋回北京，或自食，或赠与朋友。报纸上关于吃的专栏作家频频出现，写的那些三五百字的小文章还都不错。最后出版书的也大有人在，文坛老将陆文夫的《美食家》还一度领过文坛的风骚。

我在文章刚开始的时候就介绍了，在旅馆吃饭，早餐总应该是免费的。这个几乎就是国际惯例，我在澳大利亚住过的这三个旅馆都遵循了这个惯例。在国内住旅馆也多是这样，只例外过一次，那是在长沙的一个五星级酒店，去吃早饭的时候被告之需要另外交钱，要拔腿而去已经不太好意思，就被要去 50 元的早餐钱，现在想起这件事来我还觉得心疼不已。

在悉尼的这家旅馆吃饭，我还惊讶地发现是早餐与中餐和西餐的混合。更有趣的是，中餐全部标有中文，如豆浆、油条、各种包子之类，而服务员则是中国人。之所以这么说是因为她一见我就直接用中文交流，看来对中国人入住已经非常习惯了，以至于见到一个就可以准确判断出是否是自家人。

相比起来，这家旅馆的早餐还是很好的，种类多到每样吃一个就会饱。这个和后来在黄金海岸的不断需要再去拿重样的食品的旅馆有着很大的差距。

早餐的时候除了可以看看窗外的风景，还可以自由取阅放置在餐厅外面的一些报纸。我进去吃早餐前特意注意了一下，发现还有一份中文报纸剩在那里，抓紧抢在手里，并计划着明天早上也要早起看报纸。结果，第二天为了两份不同的中文报纸，我让总台在6点把我叫醒，之后的一天都觉得困。不过拿到了报纸还是有了一种胜利的感觉，虽然在后来的旅途中其实并没有时间看完那么厚的报纸。

黄金海岸的早餐还不如在悉尼吃的，种类特别少而又不够精致，餐具光泽度也有点不够，好像是用了很久了的样子，

在邦德堡，早餐稍有不同，由服务员直接送到旅客的房间。每个房间都有一个送饭口，直接从口里取出来即可享用了。无非是面包、蛋糕、牛奶之类，实在乏善可陈。

除了吃早餐，当然还需要吃中餐和晚餐。在上车后，司机就告诉

我们，除了一些途中自助餐馆或者麦当劳之外，还可以选择歇息地的饭店，或者大家一起跟着司机到他熟悉的饭店吃饭，选择后者需要我们再交给司机一些钱。我因为怕自己不了解当地的情况，就选择了后者，最后发现大错特错，因为司机带我们去的饭店，全部提供六菜一汤，甚至不管桌子上一共几个人。这引起了大家的一致愤慨，在一次已经超过10个人的情况下，有一个朋友特意去要求加菜，虽然司机答应了大家的要求，可是加的菜来大家吃了一口就没有了兴趣，可见这种情况下饭店的诚意。不过，司机带去吃的饭倒全都是中餐，虽然不算地道，但是相对于我最后离开澳大利亚时吃的已经基本洋化的中餐，还是要好多了。当然，我想这和老板、厨师、服务员都是中国人有着莫大的关系。

这次跟着司机去吃中餐馆虽然有不太愉快的地方，但是相比之下，在中餐馆吃饭其实还是有好处。尽管它们不能像麦当劳那样对汉堡的味道和饮料的分量等都有稳定的质量控制，但是汤和米饭总是管够的。实际上，我们一些人吃的这两次中餐，都是再去要了两次汤和一次米饭。

六、宁宁第二定理

下面我们正式推出宁宁定理的扩展版本，按照定理的前后顺序和继承性，可以叫作宁宁第二定理。

宁宁第二定理是：当一个人不再想着法儿去占各种各样的便宜的时候，这个人才算成熟了。

不过，虽然定理是按照宁宁的名字命名的，但这不影响宁宁女士下次依然去做第一定理里认为不成熟的事情。这个事实请大家不要有事先的期待。此外，还需要提醒的是，对她的丈夫也不能抱有期望，反而要提高警惕，切记，切记。

羊毛剪子在天堂农庄

关于澳大利亚的一些游记文章的存在让我发起愁来，这个问题同时存在于其他的跟旅行团出游的游记中。

老老实实地说，我一直不喜欢跟旅行团出游，但是有时候这么选择非常无奈的，人不可能有时间安排自己所有的游玩过程。而且，如果不是恰好在这个地区生活的话，你对它的了解总会是浮光掠影的。这就非常容易将游记写得非常程式化，尽管你希望写得优美且与众不同。但是旅游行程安排的模式化或者说是多年不变性使你只得把所有游客每天重复感受到的东西写出来，而这其实是无趣的，尤其是对于现在网络如此发达的世界来说。

我在搜索关于在澳大利亚农庄看表演的游记中看到了这一尴尬现象：所有去过而又有写作爱好的人写的旅游内容几乎完全一样。

在写这篇文章前，我特意在网上找了一下在澳大利亚农场看剪羊毛的文章，就用了“羊毛剪子嚓嚓响”作为主题词去找的。结果发现了不少描写这方面游览经历的文章，发表在不同城市的报纸上。而内容正如我上面担心过的，几乎是一样的只是因为笔触的不同才有了些微的差别。

那么，我又能有什么“花头”呢？在一个已经存在了多少年的旅游线路上，我可以发现和别人不同的东西吗？

那么，我就先把所有的游玩过程中的“花头”全部拿出来放在读者的跟前，然后我们再商量不同。

首先介绍天堂农庄。

具体内容首先概要罗列如下。

（1）《羊毛剪子嚓嚓响》

《羊毛剪子嚓嚓响》是一首典型的澳大利亚民歌，用于这个农庄的主要旅游内容是合适的，因为谁都知道澳大利亚是羊背上的国家。但是羊对于澳大利亚却是个纯粹的外来物种，据说是1788年由菲利浦船长从英格兰来新大陆，途径南非时在当地买的。1797年，由英国海军上校亨利·沃特豪斯途中买下的26只西班牙产的美利奴羊才是澳大利亚最早的羊群。

不过，不管怎样，养羊业长期以来一直是澳大利亚的支柱产业，羊毛产量占全世界的1/3，人均占有羊只数为9～10头。因此，我们的“剪刀手爱德华”对羊操作一番是肯定的了。在我参观的过程中，8只不同种类的羊还有一个稍微有点隆重的入场仪式，然后大肥羊变成小瘦羊的过程就随着持剪刀手的运动在15分钟内完成了。在我去的这次，稍有不同的是剪刀手选择了我做他的临时助理，最后在我脑袋上放了一把羊毛做英国法官或律师。

（2）长鞭游戏

在天堂农庄，和剪羊毛一样，长鞭游戏也引入了观众参与。

这节目和电视上还是很不一样的，充满了恐怖气氛。当然，执行起来却是干脆利索，长鞭一声脆响，大树叶变成小树叶。执鞭者要继续这一分为二的游戏，这样反复之下，树叶就剩下一点点了。参与观众的恐怖只能拿一个蒙眼布来解决。不过，鞭子却只是虚张声势了一下，“托儿”直接用手迅速抽走了那片小小的树叶，于是一段长达15分钟的节目经过着力渲染之后在笑声中结束。

（3）抱考拉照相

抱考拉照相的费用是12澳元，送一张压膜精装的照片，自己带相机的也可以再多照几张。

（4）马术、牧羊犬表演

女骑手在骑马过程中不断做些惊险工作，牧羊犬则把跑出圈的羊再追回来。

这样，基本内容介绍完毕，下面我补充一下农庄旅游项目的一些细节。

一、接引女郎、托儿和女骑士

我们下了随行的巴士之后，司机兼导游带我们进入农庄。迎面而来的是个很阳光的女孩，穿戴和身段是典型的女牛仔的形象。司机扬手和她打招呼，看来她司机是常带旅行团来，已经对她非常熟悉。我听到她的名字好像是Tracy。

她的乡村气息和阳光直接影响到了我们大家，我们就都跟着兴奋起来。

此时，我一直以为这个女孩就是负责在门口接引来往客人的，但是后来进到里面开始玩的时候我才发现她的角色不仅限于此。

澳大利亚农村的女孩和城里的是很不一样的，她显得有点粗笨的样子，加上脸上少施脂粉的缘故，显得有点粗糙，更加重了她的乡村气息。我原来总觉得外国女孩很难分辨出生活的地域，再加上国外的农村和城市的差距不像中国这个农业大国这么明显，所以见到了Tracy 我真有点惊讶的感觉。

她的阳光表现在整个游玩过程中。她惊讶的时候神情非常真切，高兴的时候则像个孩子，我把这个归结为她的敬业精神，毕竟她每天都在重复着一样的工作。

首先我们登上了马车。我们的导游提醒我们注意别颠着，毕竟和汽车有减振装置不同，马车纯粹是硬碰硬地和地面斗争。马车启动的时候，Tracy 猛地像想起什么重要的事情似的，告诉大家“Safe belt”。首先懂英语的人向四周看了看，寻找她说的这个安全带，不懂英语的人则一脸茫然，我们还在寻找的时候，Tracy 已经哈哈大笑了。大家马上知道这仅仅是一个玩笑而已。于是，被因为语言问题而延迟的笑声分阶段地在马车里响起。

接着开始进行 8 只羊的出场仪式的时候，我们都听见了后面有大声的欢呼和同时敲打长凳的声音，不禁觉得奇怪，谁还表达这么热烈的感情啊，回头一看，原来是 Tracy 正大声地吆喝呢。一看大家目光转向了她，她立刻灿烂地笑起来，又引起了大家一阵善意的笑声，有点沉闷的气氛就这么被调动出了一些活气。

当气氛热闹起来的时候，我特别注意了一下，Tracy 却消失了，看来任务完成，又去其他地方去了，Tracy 真是个可爱的女人。

我个人觉得剪羊毛活动比较有趣的一点是，剪刀手把我作为剪羊毛助理叫上了台，同时在台上的还有其他三个人，包括一个跟着父亲来这里旅游的俄罗斯姑娘，在最后结束的时候她还应邀学了几声羊叫，而我戴上一堆羊毛成了英国大法官。

结束后，我们看见边上卖绵羊油的小摊已经开始营业了。刚还没有见到这里藏着个小摊，现在看来也是精心设计好的。这让我想起来一次去绍兴的一家黄酒厂的故事：厂长在带我们参观完黄酒博物馆之后，我们走出博物馆就发现了旁边是厂里的黄酒小卖铺，买一些带回家就是必然的了。

不过我对绵羊油却没有那么大的兴趣，一瓶都没有买，想来也许是自己很少用的缘故吧。

再见 Tracy 的时候，她已经成为一个威风八面的女骑手了，感觉和刚才的形象差别很大，很是英姿飒爽。等几个旅行团的人都围坐在四周的木阶梯上时，她的表演正式开始。不过，她的马术花样不是太多，无非就是过一下栅栏或跨马快速绕场一周等。

二、鸸鹋与考拉

鸸鹋这个名字不是我所能了解到的。尽管我小时候也看过蚂蚁搬家，可是对动物和植物都一窍不通，是司机指着我们眼前的这个动物告诉了我鸸鹋这个古怪的名字。回到纽卡斯尔后我用南极星中文平台居然还找不到“鹋”这个字，记它的时候就用了“苗”字做代替的。好在回到北京以后，用中文操作系统很容易地把这个名字整个地写了出来。

不知道鸸鹋的名字是谁起的。有一种说法是它的声音似“而苗、而苗……”，所以各加一个鸟字成了它的中文名字，我却没有听见它的叫声，也许是中午刚过的时分，人可以强打精神，动物实在没有这个义务为人做表演。虽然它是纯粹的澳大利亚的鸟类，不过现在我们国家的很多动物园内也有了这种动物了。根据介绍，鸸鹋体长 139 ~ 190 厘米，身高 180 厘米，属于鸟中的大个子，体重 100 多千克。

我看着鸸鹋懒散地在草地上踱步，目露凶光，没有敢去惹它。就这样相对注视了一会，我就主动走了。

考拉则是人人喜闻乐见的小东西了。在澳大利亚抱考拉还成了一件不太容易的事情。因为在新南威尔士州，就是我访问的大学所在的州，因为考拉伤人事件的发生，政府已经立法禁止人主动去抱它了，但是在北方的昆士兰州还没有这个限制，正因为此，这里的抱考拉照相的生意很是红火。

我仔细地凑近了考拉，可以清晰地闻到它身上发出的一股骚味。听同行的人说，这还是在它不放屁的时候，如果放屁则简直是臭不可闻。当然，说这话的并没有因此而拒绝拥抱考拉，她和她的男朋友还不停地摆不同的姿势抱着考拉。

听说考拉憨态可掬的样子完全是和它生活的环境有关系，它喜欢啃的树皮里有一种麻醉物质，所以考拉就总是一副不清醒的样子。它的通常的形象就是抱着树睡觉，样子确实可爱，无法让人不生出怜爱之意。

三、其他活动花絮

天堂农庄的游戏花样繁多，除了每个旅行团都会体验的主要游玩项目外，还有请大家品尝当地土法制作的大饼。土锅里做成的大饼有一个从空中传递的过程，接的人滑了一跤，故意没有接住，大家正担心着会吃落到地上的大饼的时候，扔大饼的人示意大家转身，然后就看到了身后已经放好的大饼和新鲜牛奶。虽是游戏，但是非常自然，让人不禁莞尔。我们就着大饼直接饮用了新鲜牛奶，这些牛奶据说也是刚才从母牛身上刚挤来的。

在表演长鞭的地方，来自日本的旅行团专门从农庄聘请了一个女翻译。她也是个日本人，我觉得这个翻译其实并没有起到应有的作用，

吃自助餐的时候还有即兴的表演节目。一个澳大利亚歌手唱完一些经典的英文流行歌曲之后突然用中文唱起《潇洒走一回》。这让所有的中国人惊讶，虽然发音不甚准确，不过还可以，而且他还从头唱到了尾。

在黄金海岸我住的旅馆房间向外望，正好是海湾最富盛名的冲浪者天堂。我想这个位置应该不比海岸的那个所谓的六星级旅馆差，我仔细看了地图，发现我们这里正是冲浪者天堂的中心位置。最初看到冲浪者天堂这个名字的时候，我心里有着很怪异的感觉，觉得它应该是个游乐场的名字，而不是一个开放式海滩的名字。

住在黄金海岸旅馆里的这几天，太阳总是不太给面子，天色总有

点阴沉沉的，所以海浪也就显得不够兴奋。我住的房间在四层，不能远眺海上更远的风光，而近处则因为有马路边上高大的乔木阻隔，也不能清楚地看到沙滩上的景象，只见海上的浪花缓缓地靠近海岸。在远处看上去还是蓝色的海水，到了亲吻沙滩的时候就泛成白色，颜色在慵懒的转换后显得无奈而怅惘。

看不见沙滩，我只好走进它。其实，穿过一条马路和行道树，也就到沙滩上了。沙子极其细腻，不是干沙，上面还有这几天下雨的痕迹。沙滩上的人也不多，我看见一家5口正在沙滩上挖沙，其中两个孩子看上去特别有兴致，另一个男孩则不断地从挖沙的地方跑向海浪，然后随着海浪的节奏跳跃，不管鞋子是否已经被海浪浸湿。近海岸处还有几个年轻人在漫步，也许他们也是游客吧，趁着旅游的时间来这冲浪者天堂，在下午阴沉的天空下寻找快乐；或者是黄金海岸的居民，过来享受一下工作间隙偶有的闲暇。

我漫步沙滩，天色逐渐地随着轻轻的海浪声进入了黄昏，我想黄金海岸的黄昏也许会有一点不同。

其实，即使在家的时候，我也一向喜欢黄昏的意境，还因为这个名字而特别看过一篇英文的同名散文。那还是在大学时代，而现在一想到这个词，就会想到屈原的一句诗“昔君与我诚言兮，曰黄昏以为期。”

这个黄昏对于屈原来说是一个美好的相约时间，后人的“人约黄昏后”应该也没有逃出这句话的范畴。我就暗暗地伤感了一下。这就是诗吧，有了表达感情的语言也就很快产生了诗。诗是如此重要，以至于即使对于不懂它的人来说，也总会存在那么一段优美而伤感的诗歌突然击中他心灵中最脆弱的部分，让人泪流不止。

黄昏的沙滩上，阴天里最后的一缕光也慢慢地化为海岸上璀璨的灯火。我想起自己还要参加晚上游船上的自助餐和狂欢，就转身离开了海滩回到了旅馆的大堂。

晚上的节目还算精彩，我出来到尾部甲板上看夜色的时候，却只能感觉到灯火在拼命地填补着寂寞的空间。而海岸的轮廓则只能沿着灯光的样子被捕捉到。游船缓缓移动激起了一些浪花，但是几乎听不到声音。因为船舱玻璃里透出来的灯光才让我看到一些白色的浪花在行走间翻起，又随着周围的夜幕而归于沉寂。

使用 Cruising on the sea 这个题目，是因为我特别希望把在海上游荡的那种感觉表达出来，但是老觉得游荡在海上这样的中文表达会让人觉得不知所云，只好又用了一次英语。

在海湾里的这次游荡实际上是个替代方案。原来计划是去邦德堡的珊瑚礁，但是因为当天海上的天气不好，没有去成。司机建议了这个方案，大家因为也没有其他选择，就只好接受。这个替代方案的具体内容是每人在黄金海岸附近的海湾游船上吃海鲜自助并看节目演出，因为游船始终就在安静的海湾里，有兴趣的人也可以到游船甲板上看看海湾的夜景。

一、两拨日本人

我开始进到船舱的时候，发现船舱内部的座位分为四部分，第一部分有两个人在那里。

那是一对情侣。他们在的那一部分只容两个人坐，且和其他的桌子因为下到底舱的阶梯而分割开来。我把他们的桌子命名为头桌。他们点了一只特别大的龙虾放在桌子上，看得我垂涎欲滴。我猜这对情侣应该是来这里度蜜月的。船舱内除了那两个独座之外，还有依着船体方向的三排座位，两旁的靠窗户，中间座位多些，应该是因为在船中央的缘故。我们这个旅行团的大多数人就坐在中间的座位上。

二、毛利人，真的还是假的?

整个船上的节目种类其实不多，最后是一些互动性质的活动，比如把刚才那个两个日本情侣拉起来一起跳舞。

最初出来的主要演员兼主持人从我们一登船的时候就在唱歌。我大致数了数，接近15首歌，我还知道其中的七八首。中间他还换了4次衣服，开始换的时候我还以为上来一个新演员呢，结果一开口才发现还是他。唱歌时有时候还会有两个打扮得像土著的女孩出来伴舞。

大约15首歌之后上来一个老人，赤着上身，慢慢地我感觉到他的这个扮相是毛利人。毛利人应该在新西兰啊，莫非澳大利亚也有一些?

他显然更喜欢和观众一起互动，而不是自己表演。

吃饭的时候大家都很踊跃，大家都奔着自己最喜欢的东西去，而往往大家喜欢的东西比较一致，这就会显得有点拥挤。我只在一些周报或者晚报上看过好几篇写吃自助餐的文章，那种贪婪劲写得非常到位，我自己也写过一篇《在必胜客吃自助餐》的文章，所以这里也就不再重复描写类似过程了。

吃饱之后我还去过几次甲板。外面已经是黑夜了，远处的灯光倒是非常璀璨，可是对于一个旅人来说，总是觉得那不是自己的，凭空就生出一些惆怅的感觉来，和船舱里热闹的气氛有点不协调。

我于5月2日至5月7日参加了一个以华人为主的前往黄金海岸和布里斯本珊瑚礁的旅行团，5月7日晚上返回悉尼。一路上由于乘坐大巴，对同游的一些旅伴有了一些认识。这里试图把他们的主要特征进行描述。虽然，一次旅行中的同行游客其实是并无多大趣味可言的，但在一起度过了忙碌的一周，总还是留下了些印象。

我准备从一个青岛老太太开始，因为在所有的旅客中，我对她的印象最浅。仔细想来，对她其实只保留了一个侧面的印象。5月3日，在黄金海岸度假宾馆的大堂里，由于司机还没有下来，就有了一段等待出发前的间歇。她大声谈话时我正好坐在她沙发的背面，偶尔听清了半句有趣的话，就扭头看了看她。坐在旅行车上时却离她很远，再加上她去黄金海岸的方式是飞机而不是像我选择长途汽车，因此，对她我只有半句话的印象。这半句话就是——

一、“我的大女儿……”

阿嘉莎·克利斯蒂是我最喜欢的外国作家，尽管我一直宣称自己最喜欢的作品是《约翰·克利斯朵夫》，但是罗曼·罗兰的著作我却只喜欢这一部，而阿嘉莎·克利斯蒂的作品我大多数喜欢。这正如我最喜欢作为武侠小说作家的金庸，而最喜欢的小说却是《红楼梦》一样，并不矛盾。

阿加莎·克里斯蒂最经久不衰的作品是她的《捕鼠器》，据说在英国舞台的上演次数甚至超过了莎士比亚的作品，现在仍然在继续上演。

当然，这却不是我们最熟悉的一部作品。应该说，《东方快车谋杀案》才是她在中国最为人所熟知的作品，再加上电影的渲染，这部作品广为人知。

上大学的时候，我读到了这本小说，并注意到了这样一个细节。

大惊小怪的赫伯特夫人是小说中是被害儿童的外祖母，角色本身也是由好莱坞著名女演员扮演的。她的声音迷倒了一大片影迷。在谋杀过程中，她扮演一个唠叨的母亲角色。由于她住在大侦探波罗的隔壁，所以把不明来源的红色睡衣放到波罗包厢的衣柜里这件事，就由她来干了。在餐车里，她喋喋不休地说个不停，到处显示她的存在。最引人注目的就是她的每次谈话的开始总是“我女儿告诉我”“要这样”“不要那样”，完全是一副唠叨的母亲形象。

电影把她的口头禅改了。

再度看影片的时候我还特意留心了一下这个改动，发现确实丰富了角色形象，那句话被改成了“我的第二个丈夫告诉我”，一个唠叨女人的形象呼之欲出。

可是我的旅伴倒是没有这样改动这句话，当然，一方面是因为她丈夫就在旁边，另一方面尽管形式上她还是符合的阿嘉莎·克利斯蒂塑造的唠叨母亲的定位，其实质却是吹嘘孩子，而不是借孩子来说明或者抬高自己。只记得这位老太太每次开口大多是青岛口音的“我的大女儿”怎么怎么。

至于她的大女儿到底怎么样，我倒没有具体的印象了，好像是在澳大利亚工作。但是根据她老人家前半句话的口气和有意提高的声调，那应该属于博学的人物了。在谈话这样开始时，我看到同行的听众往往会流露出会心的微笑，没有耐心的人抓紧找个借口开溜了，看来她是很难让别人有兴趣关心她女儿的事情。

也许这么直接称呼李电视女士有些不恭敬，但是我不知道她的名字，只知道她在贵州电视台工作，已经退休了。女儿在悉尼的一所大学毕业后就留在一个补习学校当补习课老师。她这次来是以探亲的身份来的，可以停留一年。女儿有事情无法陪伴她，她就只好自己跟着旅行团四处跑跑了。因为在整个旅行团里只有我和她是单人独骑，因此路上相互照应了不少。

李电视女士个子不高，略胖，显得干净利落，普通话说得还是可以的。和“我的大女儿”的妈妈不同，她对女儿没有任何时候炫耀，只是在我问起的时候才说上一句两句。根据我的询问，知道了她的女儿悉尼的大学毕业后，工作不太好找，便在补习学校当老师，但是工资完全和效益挂钩，她挣到的钱和班级的规模、一周讲课的次数等是正相关的。

记得她在农场的时候还去抱了一下著名的考拉。其实仔细想想抱考拉还是贵了些，15 元一张相片，好在自己可以用自己的照相机拍照，我就不断地在她抱考拉的时候按动快门，然后又慌里慌张地用摄像机拍下来。等拍完后她摸着脖子说，考拉抓了她的脖子一下，有点疼。我只远远地对着趴在树上的考拉照了张相。

回到悉尼，旅行团在悉尼娱乐中心附近散伙的时候，我去附近吃了麦当劳。吃完发现她还在外面的凳子上等，就和她又聊了几句，知道她在等待女儿的同事来接她。之后的第二天，我在唐人街溜达的时候又遇见了她，陪伴她的则是个小伙子。我留给她一张自己的名片，说以后去北京可以找我，她也热情地说以后到贵州可以找她，然后我们各自去了自己的方向。

希望她能继续在澳大利亚玩得快乐。

三、来自广东的墨尔本夫妇

40岁左右的墨尔本夫妇来自广东，男的在墨尔本的餐馆打工已经多年了，女的则在家里不工作。我不知道他们的名字，就暂时用墨尔本夫妇来称呼吧。

他们的普通话和一般的广东人说得差不多，一开口就知道肯定是广东人。非但如此，就长相而言，他们也是典型的广东人。两个人在一路上和别人很少说话，自己一起嘀咕的时候多些。女的经常小鸟依人般深情地看着丈夫，而丈夫此时往往是一副自信的神情，偶尔喜欢皱眉头。我想他的角色应该是家里的顶梁柱，自己也在试图给女人以最大限度的安全感吧。

在黄金海岸的第一个早上，我前往宾馆的餐厅吃饭时恰巧和这对夫妇在一个桌子上用餐。问到丈夫的工作的时候，他说是在中餐馆里打工，我随口说了句，那应该还可以吧，他却淡淡说了句，每天工作很长时间，还要经常挨老板骂，说话时的眼神里带上了忧愁。

女人则是快乐的，看自己男人时那快乐的表情则表现地更加夸张了些。按说，40 岁左右应该不再是撒娇的年龄了，可她的快乐很大一部分是伴随着撒娇的。人应该是自我满足的动物，一年的辛酸劳动之后的一次远足不应该是哀伤的。

回到悉尼时，我才发现他们和我住在同一个宾馆。也许我已经在餐厅里见过他们了，但是仔细追寻的时候却没有了痕迹。经过询问，我知道他们准备在悉尼再继续玩一天，然后返回墨尔本。

在黄金海岸时，墨尔本夫妇也没有去农场，而是和下面的这对赌博夫妇共同去了著名的赌场。当赌博夫妇在重新加入旅行团时轻松地说“输了不少”的时候，他们保持了沉默。所以，我也不知道他们在赌场里到底是赢了还是输了，之后也没有机会再问到。

四、印度尼西亚华人夫妇

如果说墨尔本夫妇给我了流浪游子的感觉，那么，我们旅行团的另外一对来自印度尼西亚的华人夫妇则应该是老游子了。事实上，他们都是 60 岁以上的人了，但是女人总是小鸟依人般地跟在丈夫身边，不时地做幸福状。

这对印度尼西亚华人夫妇其实不太应该归于游子的行列，因为我仔细问过他们，他们都是出生在印度尼西亚，他们的父辈才算是真正的游子。两口子给我的最初印象是粤语说得很好的广东人，一问发现大谬不然，居然不会说粤语，再问，原来是潮汕人，自己在家说的自然就是潮汕话了。

因为印度尼西亚在历史上有排华的问题，所以我也问了一下现在有没有可以教汉语的学校。他告诉我说原来是坚决不让在官方场合说汉语的，不过也在改进，现在有学校可以教授汉语了。我在心里感叹了一下，中国从明代就开始向外移民，大多的去向是东南亚，潮汕因为离那里比较近的缘故，出走的国人更多些。不过，明清两代政府把这些人全部看成叛民，也就没有关注过海外华人的利益，完全依靠他们的自我奋斗才到了今天。

这对印度尼西亚夫妇对印度尼西亚非常有感情。当我们团在黄金海岸的游船上游弋时，主持人从阿富汗开始报所有国家的名字，看看游客们都有哪些国家的人，当说到印度尼西亚的时候他们两个就兴奋地站了起来。

在邦德堡的码头，由于天气原因大家看不成珊瑚礁，都有点遗憾。司机就让大家在码头玩会。他们两口子就让我给他们对着那只本来应该我们乘坐出海的游船照一张，我说，意义不大吧，男的笑了一下，反正来了，闲着也是闲着，算个纪念吧。我就想，他们应该是特别热爱生活的人吧。

后来还知道，他们原来生意做到很大，现在不想做了，就把生意给了儿子。老两口就在全世界逛，谈到在悉尼住的问题的时候我又知道，他们在悉尼有一处房产，所以回到悉尼可以住在自己的房子里。

五、国旅工作的赌博夫妇

女经理说："我去说，让他们加菜！"然后，一阵风似地去找导游了。

这是布里斯本的夜晚，唐人街的中国饭店。

女经理是国旅在某个省会城市的分公司经理，初次来澳大利亚，她同行的老公的姐姐姐夫在澳大利亚生活，因此，这次算是他带着老婆旅游。

女经理要求去加菜则是因为我们所有人对晚饭不满。昨天的第一次路上晚餐也是在一家中国餐馆，不管多少人，都是六菜一汤。昨天大家对菜就颇有微词，觉得味道不太正，而且是否新鲜都值得怀疑，今天增加了三个人吃饭，但是菜还是一样。

女经理下午在唐人街停留的时候还疯狂地寻找过网吧，她说："我担心公司里的事，我一不在他们就偷懒，得派个任务过去，让他们忙起来。"然后让丈夫在台阶上等待，自己就满世界找网吧去了。

她老公一看就是那种自来熟的人。这样的人在哪里都是受欢迎的，因为和他在一起没有任何的压力。看他的一脸笑意，绝对可以出演《绝代双骄》里的哈哈儿。

女经理很快就回来，说没有找到网吧，我就为她公司的员工们感到庆幸，又可以再懒几天了。

布里斯本之后，我们去了黄金海岸。按照事先的安排，我们有一个下午去农场看剪羊毛，但是这两口子却没有参加，而是和墨尔本夫妇一起去了黄金海岸的一家著名赌场。

我和下文中的上海工程师夫妇讨论房间问题的时候，说："我认为旅游的时候安排两个人住一间或者一个人住一间对他们来说是没有什么区别的，成本不会有多大的出入。”之所以说这话是因为在这个旅行团里只有我和另外一位女士是各自住了一个单独的房间，但是也没有多出钱。此时，女经理接过话来，说：“我是做这个行业的，旅馆在年底和旅行社结算的时候是按房间收费的，而不是按照人头，所以说作为旅行社还是欢迎两个人住的，一个人住一间的时候旅行社挣钱会少些。”我这才明白过来，难怪在我打电话找旅行社的时候，他们说要是一个人去的话，则要加 30% 的旅馆费，看来这个钱还是加的有道理的。当然，我后来还是找了个不需要加钱的旅行社，女经理解释道：“那是因为现在不是旅游的旺季，所以给你这个单人房间，旺季的时候你是肯定要多加旅馆费的。”我终于明白了，看来这次出来还是很值得的。

六、广东女人和她的一家

由于我是通过电话和传真找了个出价最便宜的旅行社来预定的黄金海岸旅行计划，所以 4 月 30 日到达悉尼之后，我给那家旅游公司打电话，问怎样才能找到他们？答案是不用找旅行社，我可以在 5 月 2 日早晨直接去集合地点——悉尼娱乐中心的麦当劳餐厅外面，到时候那里自然会有一辆大巴等我们。

我是个喜欢什么事都早做准备的人，早早地起来解决了早餐，我就到了约定地点。在等待期间，我看到了广东女人和她的一家。

广东女人是个瘦小的女人，她的丈夫倒是很高大，模样也很英俊，不过并不魁梧，看到她们一家走过来的时候，她背了一个巨大的包，和她的瘦小身材很不相称。

我微笑着向他们致意，广东女人用广东口音的普通话问我：“先生，你是去黄金海岸的吧？”我连连称是。广东女人是第一个和我说话的同路游伴。

她是个很有亲和力的女人，在一家三口之中，一路之上对外交往之类的事情也是全部由她来完成的。上初中的儿子沉默属于正常，因为这个年龄的小伙子正是羞涩的时候，而她的丈夫没有给人留下印象。毕竟，从生活阅历等方面看，他应该是一家之长。

见到我拿着当日的报纸，她就问我：“先生，今天澳元的汇率怎么样啊？”我翻了一下报纸，仔细找了一下说：“又涨了一点”。她说：“我们换的时候还算是刚开始要涨的时候，还是合算的，否则迟些日子来澳大利亚旅游的话，又会亏不少。”

在黄金海岸附近的一家中餐馆吃饭的时候，菜是按照六菜一汤的标准上的，但是顺序却和粤菜一致，先上汤再上菜。她刚好坐在我旁边，在上到第四道菜的时候，她对我说：“陈先生，你觉得这菜味道怎么样？”我非常失望地说：“太不地道了。”她接着向大家说：“这里菜的味道好像不太对啊。”然后引起大家的一顿抱怨，作为引起话题的她却再度沉默了，也许觉得自己的态度已经表现出来了，没有必须继续啰嗦了吧。这有点像我妻子，平时很少抱怨，但是一旦抱怨就是很严重的事情，必须予以充分重视。

到达黄金海岸之后，由于航空团也加入了我们的队伍，气氛就又热闹了起来，广东女人还和航空团的人抱怨了坐大巴很不舒适。

在返回悉尼的路上，我没有发现他们一家三口，而我记得他们和我的旅行计划是一样的，也许他们是坐飞机返回了，或者又奔赴新的旅游胜地了。广东女人是个果断的人，我想她完全可以当场作出一个改变旅行计划的决定。

七、来自上海的李工程师夫妇

在这次的黄金海岸之旅中，给我最好印象的就是来自上海的李工程师。此外，作为典型的上海人，他们自己聊天也从来不用上海话，我还特意问过李工程师是否在上海家里的时候就说上海话了，他说是。

在以一个口头语“阿拉”为核心的市民气最浓的上海人中间，我想他们是非常好的例外。其实，也正因为塞万提斯这句名言确实总是在现实中存在的原因，我才从来不按照地域去区别人。

在一些报刊中经常有文章讨论地域特征给人带来的影响，我在本文的第一、第二段也谈到过。其实，这个问题是永远谈不完的，因为，不管地域给人以多么显著的特征，不具备这个特征的人肯定存在。

最后在悉尼大家相互告别的时候，他们和每个人说再见的时候总是寻着空隙的时候开口，似乎在担心因为自己的插话而打乱了别人的告别顺序。

他们也是因为儿子在悉尼工作而来澳大利亚玩的。但是他们几乎不谈儿子，后来在有人特别关心之下，才告诉大家儿子移民过来以后就在一家银行做事。

李工程师是电力方面的工程师，我还就中国的电力供应向他提出过几个疑问，他都耐心地向我解释了。他说，现在能到儿子这里看看，去东南亚一带游玩，自己的积蓄也还是够用的。我这才知道，原来他们两口子并不是因为儿子在这里才出国，而是有个完整的退休生活计划，其中，找些有特点的国家去旅游就是其中之一。

在和我道别的时候，李工程师还热情地希望我们在中国见面，我才意识到自己没有他的联系方式，也许哪一天还是会有机会的吧。

八、来自北京的两位母亲

我问道：“你们是一家人吧?”

那是在黄金海岸海湾的一条游船上，全体游客吃自助餐的时间。我对面坐着一对小恋人，他们的左边就是两位母亲，小恋人在悉尼读大学，今年请了各自的母亲来澳大利亚旅游。男孩高大，模样倒是周正，他的母亲还要显得更漂亮些。稍显丰满的女孩则比较普通，她的母亲脸型瘦小，容颜也有些衰老了。

国家排球运动员莫乐卡副教授

一个人究竟可以懂多少种语言？

有人说某苏联的一位语言学副教授懂二十多种语言，我有点不太相信。

我自己是有切身体会的，我一度想学会天下所有主要的语言。英文自不必说，大家都是肯定要去学习的，对于 30 岁左右的人来说，学习英语大多是从初中开始的。我上了大学选修了德语作为我的第二外语，和一个南京大学毕业的小姑娘学了 1 年。她当时有句话我现在还记得，“我只是希望大家过了几年以后别只会说一个 Deutsch”。现在看来，她的这个担心还是已经有现实的例子了，我现在基本上就会说包括 Deutsch 在内的几个有限德语单词。

我攻读硕士学位的时候又学了日语，学了一年，不过现在连五十音图都记不确切了。

但是，当莫乐卡副教授说自己精通 5 门语言的时候，我知道确有其事。

那是在叶博士为我送行的晚宴，她选了个中餐馆，也叫上了莫乐卡副教授，原因则是我原来做过图论研究，而莫乐卡副教授则正是做图论研究的。她前段时间邀请了一个西班牙的学者来这里访问，叶博士也叫上了这个人。他拿了一个 GPS（Global Positioning System，全球定位系统）的手持仪器，说他的老婆可以在西班牙知道他在澳大利亚的哪条街上。我虽然以前听说过这个，可是从来没有见过，他就向我们演示了一下怎么显示自己所在的街道，我一看果然神奇。

正是在这次晚宴上，莫乐卡副教授谈到了自己会的语言。因为是捷克人，当时她到澳大利亚的时候，她同时会讲捷克语和斯洛伐克语，而且她也会讲很流利的俄语。

再加上她到澳大利亚以后必须学会英文，她说她的法语和英文一样好，这样的话，莫乐卡副教授至少精通5门语言。

我们吃饭的中餐馆在纽卡斯尔的城里，叶博士特意选了个中餐馆，我看了一下菜单上的价格，简直贵得惊人。刚到的时候，广东籍的厨师还出来用中文和我们打招呼，并建议我们点他推荐的一种鱼，说非常好吃。

莫乐卡副教授和她的 Partner，以及西班牙的访问学者来得比我们晚了一点，他们来后我们才开始点菜。

等包括那条被推荐的鱼的菜一个接一个上来的时候，我才发现居然中餐还可以是这样的。和叶博士他们讨论的时候，才知道澳大利亚的中餐馆居然和中国的中餐馆有很大的区别，看上去是中餐，吃的时候发现和西餐别无二致，真是中为洋用的典范啊。

所以我们几个中国人虽然在吃，却在心里大大的摇头，偶尔用中文谈一句的时候也是批评为主，吃得也就不太积极。但是看着莫乐卡他们几个，都是甩开了腮帮子吃，确实津津有味的。就想，中餐这样对付外国人，还真有效果，也就佩服中餐馆的老板们了。

其实，本地化可能也是餐馆能够长久存在下去的一个重要花招吧。

关于莫乐卡副教授，我还听过一件关于她的传奇故事，她离开祖国是因为自己一家受到政府的迫害，最后通过不正常的途径离开的，应该是偷渡这样的方式吧。

她到澳大利亚这个对难民比较仁慈的国家之后已经不是个孩子了，所以就进了工厂做了工人。也许自己不愿意干吧，就申请继续读书，然后一溜烟地读完了博士。像她这样的情况国家也有相应的照顾，所以也得到了资助，算是没有困难地读完了，还因为自己的杰出贡献，申请到了一个副教授的职位。这个并不容易，因为一个系往往只有一个教授，两个副教授，而她就是两个之一，这和我们国家的职称制度有很大的差别。

更传奇的是，这个现在有些胖的副教授，个子在 170 厘米左右，显得有些魁梧，原来居然在澳大利亚国家排球队呆过，是正式队员。她的一生真的算得上足够坎坷复杂的了。

她看上去有点粗心的样子，一笑的时候满身都跟着动，是个很感性的女人。我在办公室的时候经常见到她，可是也只是笑笑打个招呼而已，叶博士请我们一起吃饭才使大家相互了解了一些。

她还有个中国学生，姓林，也和我一起聊过天，在他的导师的帮助下，他也在这个系里获得了一个讲师的职位，因此，莫乐卡还算个不错的导师了。

澳大利亚归去来

我终于要谈到从澳大利亚这个美丽的国度返回中国的过程了。重温告别的感觉，我的心就沉落下来，像在黄金海岸时的那些天色沉重的日子，加上微微的秋风吹起，一起覆盖了我敏感的内心。

我不禁想起陶渊明先生的《归去来兮辞》。不过，他的归去来是厌倦宦游而归乡种田享乐，而我则是回到熟悉的故土。在那里，有我乐意栖息的容膝之所，尽管可能没有欣欣以向荣，也难以看见泉涓涓而水流的景象，只是在外时间久了，再美的景都难以代替景色之外更多的难以说清的东西。

此时，飞机好像在无云的蓝天停泊，原本在我印象里无边的草地显得有点断续，而丘陵和河流是连接草地的花边。飞机上人很少，偌大的机舱里，中间的位置上好像都没有什么人，我坐在了属于自己的位子上，正是最好的可以看风景的舷窗处。

飞机稳定在空中的时候已经是中午了，于是我在飞机上吃了午餐。闲来无事，就胡乱地看着报纸，想着刚才差一点赶不上飞机的危险状况，让我有些后怕。

悉尼十年不遇的大堵车的场面就发生在今天。当时，从纽卡斯尔到悉尼城的的几百千米花了不到 3 个小时，而在悉尼市区的 3 千米却花了更长的时间，司机抱怨说，这是他开车送人生涯十几年来塞车最严重的一天。当我到了机场，办完一切手续准备登机时，已经过了起飞时间了。

这也是一次门到门的送人服务，在半年前我从北京到达悉尼后，叶博士特意预订了这样一个服务，一个举着我名字的司机从机场接了我然后一直送到住处，价格是 50 澳元，然后就看到叶博士的爱人在房前的草地上微笑等待我了。从纽卡斯尔到悉尼机场也是叶博士安排的门到门服务，早上 5 点，司机就去我的住处接我，也同样是 50 澳元。

在这么急的情况下，我还在机场的退税处客串了一次翻译，弄得我更着急，可是又一点办法没有。因为那位来自北京的游客也很急，都是同胞，这个忙我怎么也会帮的，尽管最后并没有效果。

他在墨尔本买了一副眼镜，觉得应该享受退税的待遇，但是机场的人说这类物品不能退税。他又不怎么懂英文，于是便出现了争执。我当时也在那里办退税的手续，因为退税处的工作人员说不能直接给本人现金，只能是支票，问我寄到哪里？我一看这么麻烦，还想着干脆不办算了，后来想还是直接把支票邮寄给叶博士。当时退税处的工作人员看我长着一幅亚洲人面孔，想着我也许是个中国人，就把我带到那位北京朋友那里让我做翻译。我也就给他翻译了几句，告诉工作人员说在墨尔本买这副眼镜的时候商店是说可以退税的，怎么到了这里就不让了？可是没有办法，他们指着一个长长的退税名单说，其中不包括眼镜，最后那位北京朋友失去了耐心了。

我到处找登机口，到了 Check in 的时候他们告诉了我登机口在哪里，可是却没发现那个航班号。我立刻就急了，本来就已经过了登机时间，这下又找不到登机口。东方航空公司想得还算周到，在这里安排了一个服务员，专门告诉大家应该去哪里，我就一溜小跑地到了登机口，看到几个空姐，我的心才放下来，总算没有晚。

问了一句，发现居然还有 40 分钟才会起飞，我也就彻底放了心，觉得还有时间买几瓶澳大利亚出产的葡萄酒和香烟，看了机场的免税店，果然比外面的免税店要贵很多，不过已经不可能再回去了，就买了几瓶酒和一条烟。

这次回来，我还办了件比较吃力不讨好的事情，买了两床皇后级（Queen Size ）的正方形大被子（边长 2. 1 米），就是所谓的澳大利亚羊毛被。一床 150 澳元，我还看过一些中国店的广告说 45 澳元就可以买到皇后级的大被子，不过我还是选择了更贵一点的。

不久，飞机降落在了上海浦东机场。还好，有东方航空公司的地面人员接待我们，也算热情周到，我们几个需要转机去北京的旅客经过重重的检查，就到了东方航空公司的接待处，被告知今天没有去北京的航班，只能住一夜后明天再去了。于是我们就住到了虹桥机场外的旅馆里，经过了几道关，然后就各自安眠了。我拿起了我的手机，给我的哥哥发了一条安全到达上海的短信息。

洗漱上床后，回想着这半年的经历，我再次感受着祖国的大地和天空，情绪就慢慢有些复杂起来。好在，因为昨天睡得本就不好，很快就入睡了，我想有的是时间来抒写这些日子的欢乐与思考。

后记

《南游记——澳大利亚文化略论》到今天终于完成了。从开始写第一篇《理发记》到完成最后一篇《澳大利亚归去来》用了大约1年的时间。中间一直写写停停，有些文章写完后发给一些朋友看，根据朋友提出的意见对一些文章进行修改。但我还是不太满意。也许，人的初衷和最后的结果总是有差别的吧，即使你觉得文章表达了你希望表达的东西，在读者眼里也会有所偏离，甚至完全不同。

初衷是希望写出各种不同风格的文章，并使这些文章能够统一在一个总风格之下。但还是有一些文章的风格不一致，人超越自己真的如此之难啊。

上海的一位朋友说我的这些文章具有一种啰嗦风格，不过，她补充道“我特别喜欢这种啰嗦”，这句话安慰了我因为写作而略显疲惫的心。

我在最后的时候再梳理一下写这些篇文章的大体思路。

靠前的几篇文章的时候，我没有去事先设定题目，写作的基本动力就是事件或者人物。脑子里存久了，就慢慢地酝酿成为一篇文章了。

例如，在澳大利亚进行了第一次理发后，隔了几周实在有一种控制不了的冲动，就用了两个小时完成了《理发记》，然后就是无比畅快了。

再如，写《澳大利亚为什么多火灾》，是因为我突然有了一种要写一篇说明文的冲动，而恰好大火烧坏了大学对外联络的网络线路，这促使我用了一个半小时完成了构思和写作工作。

《久违了，澄蓝色的天空》和《澄蓝色的海洋，海水倒灌河及其他》本来是计划写在一篇里的，原来的题目叫《久违了，澄蓝色的天空和海洋》。但是我特别怀念自己以前写东西时候的感觉，这样的感觉真的很久没有出现了，这样，关于天空的感觉就占了先。我把海洋放到了后面的文章里，并将原本打算单纯写景的想法改变成了以议论为主。

《在必胜客吃自助餐》也是长期考虑之下的作品。不断地在不同场合吃自助，每个人都会有一肚子的想法，不过把这个经过写得有趣却有些困难。写这篇文章的动力有点奇怪，我此时已经想好一些题目，准备按照题目去写。

《细雨，悉尼歌剧院，三十八元，贝多芬第五》和《悉尼歌剧院的设计与建造》写的是悉尼歌剧院的两个不同方面。前者虽然是音乐会本身，但是形式比较活泼，应该能够让读者看了觉得有趣而有意义，后者则是和歌剧院的设计和建设有关系的文章，风格偏重于准确。两篇文章的写作时间相隔为七个月。

《怎样写游记》则是在黄金海岸旅游回来后写的第一篇文章。我痛感于游记散文的格式化和无趣，希望这种题材的文章首先要有趣，其次要充满智慧。类似地，这个观点也可以向散文推广，我觉得散文里也应该表达智慧，而且使用我这些文章采用的很容易为人接受的方式：在无意间已经获得自己原本希望有而找不到的东西了。

《一路同行》是我比较喜欢的一篇文章，它有着我希望创造的智慧型散文的所有特征，写得长而细腻。

原来在澳大利亚的时候我还写过很多半截的文章，如《客串大学一年级学生的家教》《奥林匹克公园的花头》和《悉尼：城市外在还是城市精神》等，都是突然在写到一半的时候失去了写作兴趣，后来回到中国之后才把它们全部补全的。我觉得这些文章如果有一点能说到读者的心坎里去就可以了。

《关于车牌号的课堂录音》《住旅馆与吃饭店》《我的其他邻居》三篇则希望能够把最无趣的东西用非常让人意外的办法讲出来，其实我们都知道，生活终会归于平淡，但我们应该从中找出有趣的过程。

《热爱草地还是热爱生活》《Amy 带来的》《国家排球运动员莫乐卡副教授》则是三篇写人的文章，前两篇都是写中国人在澳大利亚的不同生活状态，而后者则是写一个来自东欧女人的澳大利亚奋斗史。

包括上面提到的《住旅馆与吃饭店》在内的黄金海岸旅游的立体式、集群式的游记，我已经在《怎样写游记》中介绍了这么写的原因，它应该有助于我的新游记体风格的形成。这些文章包括了《司机说，导游说》《华纳兄弟电影世界》《错过许多沿途的风景》《羊毛剪子在天堂农庄》《黄金海岸的浪花》《Cruising on the sea》，不同风格的写法和不同类型的过程展示了整个旅游过程中多个层面的东西。

《在城市铁路间穿梭》尽管和黄金海岸之旅没有关系，但对于一个去陌生城市的人来说，还可以欣赏优美的景物。

《大学讲师是怎样炼成的》写得深刻而有趣，这是因为有自己的亲身经历在内。

您要问这些文章里到底哪一篇最值得阅读，我要推荐《飞回中国的747》。